AF468236

LOIS ET MÉTHODE

DE

L'ÉCONOMIE POLITIQUE

PRÉCIS

DES LEÇONS D'INTRODUCTION AU COURS D'ÉCONOMIE POLITIQUE

PAR

M. VICTOR BRANTS

PROFESSEUR A L'UNIVERSITÉ CATHOLIQUE DE LOUVAIN
SECRÉTAIRE PERPÉTUEL DE LA SOCIÉTÉ D'ÉCONOMIE SOCIALE

DEUXIÈME ÉDITION.

LOUVAIN
CH. PEETERS LIBRAIRE
RUE DE NAMUR, 22

PARIS
H. CHAMPION, LIBRAIRE
9, QUAI MALAQUAIS

1887

LOIS ET MÉTHODE

DE

L'ÉCONOMIE POLITIQUE

LOIS ET MÉTHODE

DE

L'ÉCONOMIE POLITIQUE

PRÉCIS

DES LEÇONS D'INTRODUCTION AU COURS D'ÉCONOMIE POLITIQUE

PAR

M. VICTOR BRANTS

PROFESSEUR A L'UNIVERSITÉ CATHOLIQUE DE LOUVAIN
SECRÉTAIRE PERPÉTUEL DE LA SOCIÉTÉ D'ÉCONOMIE SOCIALE

DEUXIÈME ÉDITION.

LOUVAIN
CH. PEETERS LIBRAIRE
RUE DE NAMUR, 22

PARIS
H. CHAMPION, LIBRAIRE
9, QUAI MALAQUAIS

1887

LOIS ET MÉTHODE

DE

L'ÉCONOMIE POLITIQUE.

INTRODUCTION.

L'économie politique touche par sa nature même aux questions les plus graves. Les doctrines s'y rattachent aux principes les plus élevés de la métaphysique. Les conclusions atteignent les intérêts les plus divers et les plus sensibles. Il n'est pas surprenant qu'une telle science soit le champ des discussions les plus vives ; que ses lois, ses caractères, sa nature en un mot et son existence même soient l'objet des systèmes les plus variés. De l'économie métaphysique au socialisme anarchique il y a une longue série d'écoles. Cherchons notre voie dans ce dédale de théories, au milieu de ces amas d'idées, d'observations, de déclamations et de faits. Il est aisé de trouver une classification générale. Les classifications sont souvent arbitraires, notre science en fournirait plus d'un exemple ; mais elles ont du bon : elles mettent l'ordre dans l'exposé, la clarté dans le débat.

Distinguons donc, dans l'ensemble des doctrines sociales, deux courants, deux tendances principales : la science *libérale*, et la science *morale*. Nous ne créons pas ces termes. Les deux écoles ont nettement formulé leur programme. L'une partant du principe de la tendance naturelle de l'homme vers la poursuite de son bien et de son intérêt, en déduit par voie logique des conséquences nécessaires. Ces conséquences sont autant de principes. Principes et conséquences étant des lois naturelles de l'activité humaine, ne peuvent réaliser que le bien social. Il faut donc leur laisser la plus large liberté d'action.

L'autre école, au contraire, considère l'homme en action, le voit sujet à des passions diverses, à des mobiles divers, mais soumis toujours à la suprême loi de la morale. Elle combine donc en mesures diverses l'histoire et l'observation, avec l'étude de la nature humaine; elle constate la nécessité d'imposer des règles aux abus de la liberté; elle met en lumière les principes de la morale, et forme la science éthique.

Il y a là deux écoles. Au sein de chacune d'elles, il y a bien des divergences et des variétés; elles défileront bientôt devant nous. Leurs limites mêmes ne sont pas bien nettement tranchées et il y a des éclectiques.

Cherchons à préciser leurs principes et à dégager de cet examen la vérité scientifique.

Un des chefs les plus distingués de l'école éthique contemporaine, Adolf Held, signale avec précision les différences essentielles des deux écoles (1). Résumons-les :

1. L'une des écoles étudie la science au point de vue exclusif de l'intérêt matériel. L'autre ne veut voir dans les richesses qu'un moyen dont l'usage doit être réglé par des considérations d'un ordre plus élevé. La première divergence porte donc sur *les rapports de l'économie avec la morale.*

2. L'école libérale procède par conséquences rigoureuses et générales. Ses adversaires veulent tenir compte des diversités locales dans le temps et l'espace, et étudier l'homme d'après les faits réels, non d'après des lois absolues. Le débat porte donc ici sur *l'existence et la nature des lois économiques.*

(1) *Grundriss fur Vorlesungen uber Nationalökonomie.* Bonn. 1878, p. 25.

3. L'école libérale, par la raison que nous avons énoncée plus haut, réclame la liberté absolue. Elle proclame le *laissez faire, laissez passer*. L'école éthique, au contraire, reconnaît la nécessité d'une action du pouvoir en vue de maintenir la justice dans les relations sociales. La mesure de cette intervention est mal définie. Beaucoup de docteurs de la science éthique l'ont exagérée et sont tombés dans un socialisme plus ou moins atténué. Le troisième point du débat porte donc sur *le rôle de l'état* dans l'ordre économique.

4. A ces trois points, joignons-en un quatrième; il porte sur *la méthode*. La méthode déductive ou expérimentale a sur la science une influence décisive. Ce sont là les points cardinaux de la science. On voit que M. de Laveleye, exposant les principes de l'école éthique, pouvait dire avec raison : Il s'agit de renouveler les bases mêmes de l'économie sociale (1). Cherchons à en fixer les trois points les plus généraux, réservant pour une autre étude l'examen de l'action des pouvoirs publics (2).

(1) *Le socialisme contemporain*. Bruxelles, 1881, p. 399.
(2) *La lutte pour le pain quotidien*. Louvain 1885, p. 249.

CHAPITRE I.

L'économie politique; ses rapports avec la morale et la religion.

—

On a dit : l'économie politique est la science de la richesse. C'est la définition usuelle. La richesse elle-même est l'ensemble des choses utiles qui peuvent satisfaire les besoins de l'homme.

Ainsi définie, l'économie politique n'a qu'un objet tout à fait matériel. Il va de soi qu'elle ne réalise pas les destinées complètes de l'homme. La vie sociale a pour but la recherche du bien temporel, en vue de l'accomplissement des destinées suprêmes de l'humanité. L'homme dans la société ne poursuit donc pas seulement la richesse matérielle; il ne la poursuit que d'une manière secondaire. Il y voit un moyen, non une fin. Ce qu'il recherche, c'est le *bonheur*, l'ensemble des biens temporels, la sécurité, la *paix*, en un mot le bien-être complet, non la seule richesse matérielle. La richesse est un élément du bien-être social; elle n'y suffit pas. L'économie politique n'est donc qu'une branche de la science sociale. Même au point de vue purement temporel, l'économie politique n'est pas tout dans la science, parce que la richesse n'est pas tout dans la vie. Au point de vue des destinées éternelles de l'homme, la science sociale elle-même n'est que la science des moyens qui doivent faciliter à l'homme leur accomplissement. L'économie politique, branche de la science sociale, a donc, implicitement le même caractère.

§ 1. La morale.

Des prémisses posées il est aisé de déduire la subordination de l'économie politique à la morale.

1. *L'économie poursuit la richesse. Or la richesse n'est qu'un élément du bonheur. Donc la science doit tenir compte d'autres mobiles que la seule poursuite de la richesse. La morale définit la notion vraie du bonheur. Elle a donc un rôle important dans l'ordre économique.*

L'école libérale partait du principe suivant : l'économie est la science de la richesse. Or la poursuite de la richesse s'appelle l'intérêt. Donc l'unique moteur, l'unique agent de l'ordre économique, c'est l'intérêt personnel.

Cette argumentation est vicieuse. Elle se borne à envisager l'homme économique, l'unité abstraite de la statistique. A ce point de vue, cet être fictif ne poursuit que le but immédiat de l'activité spéciale qu'on lui suppose. L'intérêt seul le fait agir et c'est le calcul du profit qui seul règle sa conduite. Mais cette fiction est peu scientifique. Qu'on l'admette dans une certaine mesure pour fixer les lois économiques pures, nous le voulons bien. Mais qu'on n'érige pas cette fiction en principe, ni ces lois en règles absolues. C'est là méconnaître la nature humaine. L'homme dans toute son activité se laisse guider par bien d'autres mobiles que le profit. Le caractère, les habitudes, les milieux sociaux, les affections, les passions mêmes, le feront agir en mille occasions et souvent il y sacrifiera son intérêt matériel. Il recherche son bonheur et il peut trouver son bonheur en dehors d'un calcul d'intérêt. Nier cela, c'est abaisser la nature humaine. Or ces influences diverses modifient l'activité économique des individus comme des nations. L'esprit des lois n'est pas la seule préoccupation de l'intérêt. Montesquieu n'eût pas songé à l'y restreindre. Les économistes eux-mêmes ne peuvent méconnaître ce fait. L'un d'eux, esprit pénétrant et hardi, Stuart-Mill, a analysé en détail l'influence de la coutume sur la vie économique (1). Un auteur distingué, A. de Metz-Noblat, a exposé avec netteté *les écarts entre la théorie et la pratique qui découlent de causes morales* (2). L'homme se laisse déterminer par une foule de sentiments très étrangers à l'intérêt. Pourquoi la concurrence internationale des terres n'agit-elle pas dans toute sa vigueur? Patriotisme, esprit de clocher. Pourquoi les fermages de certaines contrées sont-ils fixes au milieu de la hausse? Tradition. Qu'est-ce qui détermine les procédés agricoles? l'habitude. Qu'est-ce qui détermine le choix des consommations? le goût, le caprice ou l'habitude encore, une foule de sentiments divers étrangers à l'intérêt. Les exemples vont à l'infini; c'est assez dire qu'agir sur l'esprit et le cœur de l'homme, c'est agir sur la vie économique à ce point de vue. A ce point de vue, Destutt de Tracy n'avait pas tort de faire de l'économie un chapitre du *traité de la volonté*.

Tout ce qui peut agir sur la volonté, agit sur l'économie nationale. Cela ne veut pas dire assurément que l'intérêt n'agisse pas sur la volonté.

(1) Principes d'économie politique, trad. Courcelle-Seneuil. Paris, 1861, t. I, p. 272.

(2) Les lois économiques. Paris, p. 417.

Nous verrons même que l'intérêt légitime est un agent très puissant. Mais son action est modifiée, atténuée, limitée par une foule de causes d'ordre moral.

De ces observations il résulte à l'évidence que l'action morale et religieuse a son rôle essentiel et naturel dans le domaine économique.

En effet : c'est la morale de chaque nation, c'est la religion qui *informeront* son économie générale en déterminant son idée du bonheur. C'est la science, l'instruction, les influences de divers ordres qui en déterminent bien des détails.

2. *La loi morale est la règle suprême et nécessaire de l'activité économique.*

Nous venons de constater que la morale *peut* agir sur l'économie : nous ajoutons qu'elle le *doit*.

Nous le prouvons. La morale est par sa nature la règle souveraine de l'activité humaine.

Le but de l'homme dans la vie sociale ce n'est pas la richesse ni même le bonheur temporel. Le bien temporel est une fin de la vie sociale, fin immédiate et légitime, mais subordonnée à la fin dernière. Cette fin dernière, d'ordre spirituel, c'est la possession du souverain Bien. Or cette possession étant *la fin*, tout le reste ne peut être que *moyen* et doit servir à la fin. La richesse n'est par elle-même qu'un moyen dont dispose l'humanité. La richesse n'est donc bonne que pour autant qu'elle ne nuise pas au but même de la vie. Elle n'est bonne que *dans l'ordre de la fin*.

Comment rentrera-t-elle dans l'ordre de la fin? Cet ordre est déterminé par la loi morale. Il faut donc que toute l'organisation sociale de la richesse soit réglée par la loi morale.

Tous les préceptes de la morale sont donc des lois de la vie économique.

Cette démonstration n'est pas nouvelle. Elle est empruntée tout entière à saint Thomas d'Aquin. C'est dans les écrits du prince de la philosophie chrétienne que se trouve la démonstration la plus rigoureuse et la plus nette de l'économie éthique (1).

L'économie tout entière, dans toutes ses branches est donc soumise à la loi morale, c'est à elle que tout autre mobile ou intérêt doit être subordonné. *Elle doit en régler la poursuite légitime.*

3. *La pratique de la loi morale est la condition de la prospérité temporelle elle-même.*

Cette vérité peut se démontrer par voie philosophique. Elle le peut aussi par voie d'observation, par l'étude des faits.

(1) Nous avons résumé sa doctrine dans notre étude sur l'économie sociale au Moyen-Age, Louvain-Paris, 1881, p. 7.

A. C'est la loi morale qui détermine l'ordre vrai de l'humanité. Or la prospérité ne peut exister que dans l'ordre.

L'intérêt temporel seul amène des conflits. Les intérêts égoïstes sont antagoniques. C'est le mot de Montaigne : Le bien de l'un est le mal de l'autre. Les devoirs au contraire sont nécessairement harmoniques.

La pratique de la loi morale assure donc le développement normal des sociétés, et la prospérité à chaque étape. *Opus Justitiæ pax* (1).

Cela ne veut pas dire que toute société morale doive être *riche*, mais *prospère* : possédant les conditions du bonheur social dont la richesse n'est qu'un élément variable.

B. La loi morale est la conservatrice par excellence des forces qui produisent la richesse, qui l'accumulent et la conservent : l'énergie du travail, l'épargne, la vigueur physique même. Sacrifier les principes moraux et sociaux aux calculs de l'intérêt immédiat, c'est détruire les sources vives de la fécondité économique.

C. En fait, cette vérité est démontrée par l'observation comparée des peuples. Le Play après

(1) Voir cette démonstration ibid. p. 9.

avoir consacré sa vie à l'étude des populations les plus diverses, résuma ses observations, et indiqua en ces termes le problème essentiel que les peuples doivent résoudre pour assurer le règne de la prospérité :

« Partout, dit-il, le bonheur consiste dans la satisfaction des deux besoins principaux imposés absolument par la nature de l'homme. L'importance en a été signalée par toutes les grandes races et ils sont mentionnés en tête de la principale prière des chrétiens. *Le premier est la pratique de la loi morale*, liée à la croyance que cette loi, émanée de Dieu, est le complément de la création matérielle de l'homme, le correctif nécessaire des inconvénients attachés au don du libre arbitre. Le second est la jouissance du pain quotidien (1). »

§ 2. La vérité religieuse.

Nous venons de démontrer les rapports de l'économie politique avec la morale. Mais la morale a besoin d'être fixée et précisée. Les économistes de l'école éthique ont failli sur ce point. Ils négligent de définir le principe moral qu'ils acceptent. Les libéraux trouvent le principe moral

(1) *Ouvriers européens*, t. 1, p. 216, 578.

vague. Nous le trouvons au contraire très précis; mais il ne l'est pas toujours. Pour le préciser et lui donner une sérieuse portée pratique, il faut définir la morale, lui donner un nom. L'histoire philosophique ne prouve que trop les variations de la morale. Il faut donc préciser.

Pour que l'économie réalise son but, il faut non seulement qu'elle se conforme aux lois d'une morale quelconque, mais à celles de la vraie morale. La prospérité de la nation dépendra de cette conformité.

Or, quelle est la vraie morale?

Nous n'avons pas à faire ici un traité de philosophie morale ou de droit naturel. Nous ne faisons donc que poser les principes.

1. Il y a une morale naturelle, un droit naturel, fonds commun de la nature humaine, et dont les préceptes sont connaissables, mais en fait mal connus par la raison seule. Il y a donc aussi une économie politique, théorique et naturelle. Celle-ci est purement hypothétique, c'est-à-dire qu'en fait les peuples sont régis par les règles d'une morale positive, qu'en droit ils doivent l'être par les règles de la vraie morale positive et religieuse quand ils la connaissent. Cette morale naturelle est loin cependant d'être sans importance. Nous en verrons bientôt une preuve.

2. Il y a la morale positive, religieuse. La vérité religieuse, base de la morale, est connue des disciples de Jésus-Christ au moyen de la révélation et de la tradition conservées et définies par l'Église catholique. Nous posons en thèse la vérité religieuse du dogme chrétien et partant de la doctrine morale du christianisme.

La loi morale une, nette, fixe, qui doit dominer la science économique chez les peuples qui ont le bonheur de la connaître, *c'est la morale chrétienne du Décalogue*, *fondée sur la croyance en la métaphysique chrétienne.*

Est-ce à dire qu'il n'y ait pas d'économie possible en dehors du christianisme? La question est grave, il importe de la préciser.

Le christianisme étant *la* Vérité totale, donne nécessairement aux peuples les vraies conditions de leur économie. Par la pratique de la morale chrétienne les peuples réalisent *par excellence* les conditions de la prospérité; — mais hors de la vérité totale, il y a la vérité partielle, il y a cette morale naturelle que la religion n'a fait que perfectionner et qui est avec elle en parfaite harmonie. Chez les nations non-chrétiennes il peut y avoir des parts, et même de grandes parts de vérité naturelle. La prospérité peut donc s'y trouver dans une certaine mesure. Elles peuvent jouir d'une paix relative par l'observation de ce qu'on a appelé le Décalogue universel.

D'autre part, la chrématistique, la richesse matérielle, peut se développer dans ces sociétés. Cette richesse matérielle bien que subissant l'action de la vérité religieuse, ne la subit que d'une manière plus éloignée. Il est certain que les sociétés peuvent s'enrichir en dehors de la vérité totale. L'histoire des peuples de l'antiquité est à cet égard une preuve péremptoire.

La perfection économique, comme celle de l'ordre social tout entier, est dans la vérité absolue, cela est clair. Mais on ne peut en conclure qu'il n'y ait en dehors de la vérité totale aucune économie politique.

Quelle est donc l'attitude vraie que doit prendre l'économiste dans cette grave question? Son devoir est simple. Il résulte de ce qui précède.

A. Il doit montrer comment la vérité catholique assure la perfection de l'ordre économique et réalise, *par excellence*, les conditions de la prospérité des nations.

B. Il doit encore chercher à faire bénéficier ceux que n'ont pas la vérité totale, de la part de vérité qu'ils possèdent, tout en leur montrant le moyen de la compléter.

C. Il doit prouver enfin la relation intime qui existe entre vérité et prospérité, souffrance et erreur.

De cette manière, l'économiste préconisera et préparera la complète réforme sociale. Il fera la seule chose que son rôle lui permette : *l'apologétique indirecte*, et démontrera la vérité morale par ses effets sociaux.

Sans doute, cette vérité il la connaît d'avance et il l'affirme; l'économiste chrétien sait que la vérité est en Jésus-Christ, et il n'en doute pas. Cette croyance, il l'applique et la confirme par l'étude de tous les états sociaux.

Il montre, pièces et faits à l'appui, que toutes les conditions que la science assigne au bonheur des peuples, la religion catholique les assure aux nations soumises à sa Loi divine.

Il montre et conclut donc :

A. Que l'économie en tant qu'elle poursuit un but d'ordre purement temporel peut exister quoique d'une manière imparfaite en dehors de la vérité totale.

B. Que l'économie politique parfaite est chrétienne.

Il est aisé de prouver que la vérité chrétienne réalise par excellence ces conditions de la prospérité. Indiquons sommairement les preuves essentielles.

A. D'abord *a priori*, le christianisme étant la vérité morale, réalise parfaitement l'action bienfaisante de la morale elle-même.

B. En fait, la démonstration pratique organisée par Le Play porte sur les préceptes du Décalogue, et cette preuve est aisée à compléter.

C. Enfin la réflexion fait saisir sans peine l'influence que doit exercer sur la vie sociale et sur le problème économique la double loi de justice et de charité.

En pénétrant dans le détail du problème économique lui-même, on constate aisément la haute influence qu'exerce sur sa solution la pratique de la loi morale, la prédominance de l'idée chrétienne du devoir. Nous n'en voulons prendre que quelques exemples. C'est le devoir du travail qui donne à celui-ci son énergie, sa dignité et partant sa fécondité permanente. Toute autre cause, intérêt ou passion, n'y suffirait pas. C'est l'idée du devoir qui modère et règle les consommations, met un frein aux dépenses improductives du luxe, inspire la prudence du père de famille et développe l'épargne. C'est la justice qui maintient le commerce et le crédit, et règle pacifiquement la distribution des richesses. C'est le respect de la famille et du devoir conjugal qui, combiné avec la loi du travail, assure la solution honnête et pratique du problème de la population. C'est enfin la charité qui atténuera les rigueurs de la loi économique et maintiendra parmi les hommes la paix et la solidarité. Parcourant tout le domaine économique, on peut vérifier par le menu cette vérité que toute vertu est utile, tout vice nuisible même dans l'ordre temporel.

La pratique de la *perfection* chrétienne ou des conseils évangéliques exerce sur la société une influence qu'on ne peut négliger. Mais on ne peut en faire une condition essentielle de la vie sociale, Nous n'avons pas à faire, dans une *introduction*, cette démonstration détaillée, nous n'avons voulu qu'en poser nettement les jalons.

La conclusion pratique à dégager de l'ensemble de ces propositions, c'est que la diffusion de la vérité chrétienne est le moyen le plus sûr d'assurer en même temps la prospérité temporelle et la paix sociale des peuples ; que la restauration de cette vérité est aussi le moyen naturel de rendre la paix aux sociétés désorganisées de l'Occident.

Il va de soi qu'il ne peut être question de restaurer la *seule morale* chrétienne. La morale rationnelle en effet ne trouve que dans la métaphysique sa base inébranlable. De même la morale chrétienne ne trouve la sienne que dans le dogme. S. S. Léon XIII, en deux importants documents pontificaux, a mis en lumière nouvelle la double influence sociale de la doctrine et de la vie chrétienne. Encycliques du 4 août 1879 et du 17 septembre 1882.

CHAPITRE II.

Les lois économiques.

—

Toute science suppose des lois, c'est-à-dire certains principes immuables qui en constituent l'élément stable et permanent. Demander s'il y a des lois économiques, c'est demander s'il y a une science ou s'il n'y a qu'un art, une politique économique. Y a-t-il des principes constants, permanents ou n'y a-t-il que des économies particulières et contingentes ?

Ce point est très controversé. Il importe de décider s'il y a des lois économiques et de préciser leur nature.

Il y a différentes théories en présence. Examinons les successivement.

1. *Système des lois naturelles.* Ce système est celui de la plupart des économistes libéraux, et avant eux, des physiocrates. Voici leur raisonnement. L'homme recherche son intérêt, son profit.

Cette tendance est naturelle et légitime. C'est la première loi économique. Or, la recherche de l'intérêt de chacun réalise à la fois l'ordre naturel et le bien des individus comme de la société. Le monde va donc de soi. La liberté de rechercher son intérêt est donc à la fois la condition de la prospérité et la loi naturelle de l'économie.

La nature humaine, poursuivant son intérêt, est partout identique à elle-même. On peut donc en déduire *a priori* tous les détails de la science économique. Ces détails dérivant de la nature, participent à son caractère. Ce sont aussi des lois. L'humanité les suivra certainement, si on écarte les causes perturbatrices de son activité.

Laissez faire l'intérêt personnel ; l'économie est une pure science de raison dont les éléments se tiennent mathématiquement ; l'homme d'état n'a qu'à laisser agir les lois naturelles.

Les physiocrates ont développé, dans une foule d'ouvrages, la théorie de l'ordre naturel, qu'ils appliquaient d'ailleurs à toute l'organisation sociale. Elle est en rapport intime avec la thèse de la perfection native de l'homme. Les économistes ont subi leur influence, et Ricardo a été leur principal champion. On comprend que dans la rigueur de ce système, il n'y ait qu'à constater les libres tendances de l'intérêt. Tous les économistes libéraux cependant ne sont pas également intransigeants. Plusieurs admettent aux *lois naturelles* de l'économie des restrictions utiles ou nécessaires.

2. *Système des lois de la vie sociale*. Ce système a sa base dans les études d'histoire naturelle et de biologie. Il applique aux sociétés le principe de l'évolution. Ses partisans reconnaissent les variétés infinies de détails que présente la constitution des sociétés humaines, mais soutiennent que leur développement, comme celui des individus, est soumis à une évolution nécessaire et partout identique dans ses traits généraux. Les conditions de la lutte pour l'existence déterminent le mouvement économique. On peut prédire, au moyen des données scientifiques, les faits généraux de l'histoire économique comme de l'histoire générale. Cette thèse est celle de l'école positiviste. Elle a pris corps naguère dans le système presque abandonné aujourd'hui des *trois âges de l'humanité*. Ce système appliqué en détail à chaque société, ne voit dans leur activité que la résultante nécessaire des conditions où elles se trouvent.

3. *Système des lois fugitives*, inauguré par l'école historique. L'homme en fait, agit sous l'impulsion d'une foule de causes ; l'économie varie

dans le temps et dans l'espace. Sans doute la nature humaine est identique, mais les variétés historiques et géographiques enlèvent toute permanence à l'organisation sociale. Chaque période de la vie d'un peuple a ses lois particulières, lois fugitives, économie temporaire comme les circonstances qui l'ont fait naître. La plupart des économistes de l'école éthique contemporaine en Allemagne et en Italie professent cette théorie.

Nous ne nous attacherons pas à réfuter séparément chacun de ces systèmes. La vérité nous paraît se trouver dans un sage éclectisme. Nous allons l'exposer. Nous répondrons du même coup aux propositions des théories extrêmes.

Il y a dans la science économique une partie immuable, des principes, des lois; il y a une partie contingente et variable, des coutumes, des faits. Nous distinguons donc des traits essentiels et des traits variables dans la constitution économique des sociétés. Ces derniers sont infiniment nombreux, ils sont tout à la fois historiques et géographiques; mais ces deux termes peut-être ne les embrassent pas encore tous. Tâchons de nous faire une idée des règles de l'activité économique.

Nous les classerons sous cinq rubriques : les lois d'ordre moral, les lois sociales, les lois économiques proprement dites, les lois historiques, enfin les coutumes et les lois positives. C'est leur système combiné qui va former à nos yeux *l'ordre* économique.

§ 1. Lois d'ordre moral.

Nous ne rappelons ici les lois morales que pour mémoire, afin d'affirmer de nouveau leur souveraineté absolue. En dehors donc et au-dessus de l'ordre matériel, planent les principes souverains de l'ordre moral et religieux, issus d'une certitude métaphysique ou d'une foi surnaturelle. Ce sont là, nous l'avons vu, des lois absolues.

La loi morale comme la loi religieuse dominent la science sociale, la déterminent, l'imprègnent, la limitent. Elles reçoivent des applications dans tous les phénomènes économiques et figurent donc en tête de la série des lois Il faut comprendre dans les lois d'ordre moral tous les préceptes de la morale individuelle et du droit de famille comme ceux du droit social, l'ensemble donc des règles morales dans leur plus large acception.

Nous avons assez insisté au chapitre précédent sur l'existence de ces lois dont le caractère absolu et immuable ne peut être révoqué en doute.

§ 2. Lois sociales.

Les éléments du bonheur d'une société sont multiples. Un grand nombre dérivent de la morale; c'est la pratique du devoir qui est l'élément essentiel du bonheur.

Aussi les premières lois sociales sont-elles dérivées de la morale. Elles consacrent la dignité vraie de l'individu, la conservation de la famille, le respect et le bon usage de la propriété, la solidarité et l'union des classes. Ce ne sont pas là des éléments de la richesse évidemment. Mais ce sont des éléments de l'économie sociale. Ces lois président même à l'ordre économique parce que sans elles, la richesse ne ferait pas la prospérité sociale; il faut donc apprécier à leur point de vue les institutions et les coutumes économiques.

Ainsi la conservation de la vie de famille est un élément important de la prospérité, du bonheur, et même du bien-être matériel. Il faut protéger la famille, la sainteté du foyer, les devoirs du mariage, l'autorité paternelle. Par conséquent les institutions qui les détruisent doivent être condamnées, celles qui y nuisent doivent être évitées ou du moins on doit en neutraliser les effets. C'est une loi sociale.

Les rapports de solidarité entre les classes de la société sont une condition essentielle de paix. Il faut donc condamner ce qui les divise, encourager ce qui les unit. *Il faut* de la solidarité inspirée par la charité quelle qu'en soit la forme, patronage, corporation ou autre, c'est encore une loi sociale.

A d'autres point de vue, il faut signaler la conservation physique des individus, l'augmentation régulière de la population, condition de la force d'un pays.

Il y a enfin les intérêts collectifs de la nation. La nation a une existence collective; cette existence, la perfection de cette existence sont des éléments du bien général.

Y a-t-il des lois sociales générales ? des lois de la prospérité sociale ? Evidemment, on vient d'en voir, il y en a ; nous n'avons pas à les énumérer toutes ici : il y en a de fixes, et ce sont elles qu'on pourrait à proprement parler, appeler la constitution essentielle des sociétés prospères ; il y en a aussi de variables. En dehors même des lois morales proprement dites, il y a donc une série de conditions essentielles à la prospérité. Il faut qu'aucune coutume, aucune institution ne nuise à la dignité vraie de l'homme et du chrétien, à la conservation de la famille et de l'autorité, à l'existence et à la dignité sociale de la nation.

Il y a donc des lois sociales, c'est-à-dire qu'il y a pour les peuples des conditions générales de prospérité. Sans ces conditions la richesse si considérable qu'elle puisse être, ne serait pas utile, ne servirait pas à son vrai but, le bien des hommes. La chrématistique seule n'est pas *la* science sociale ; on l'a déjà dit, elle doit donc être soumise à l'économie nationale dans le vrai sens du mot. Les allemands ont deux mots : l'*Œkonomie* qui est la science de la richesse, le *Volkswirthschaft* qui est la science sociale, celle du bien-être. La richesse n'est qu'un élément du bien-être ; celui-ci peut être plus grand avec une richesse moindre si la nation observe mieux les conditions essentielles de la prospérité, si la richesse elle-même y est mieux organisée.

Or la science sociale, la science gouvernementale a ses règles fixes : nous en avons cité plusieurs. Elle domine la chrématistique ; les anciens l'auraient appelée comme nous : Economie sociale, ou économie politique. On a eu tort de réserver ce dernier nom à la seule science de la richesse matérielle.

On s'est donné beaucoup de peines pour restaurer la science sociale et ses lois. On a eu raison. C'est le seul moyen de bannir le matérialisme de la science.

Conservation et amélioration physique, intellectuelle, morale de l'homme; il y a là un ensemble de conditions du bonheur relatives à l'individu, à la famille, à la nation qui constituent la science sociale. Comment connaître ces conditions. ces lois sociales? Elles dépendent de l'idée qu'on se fait de l'individu, de la famille, de la société : c'est une question de méthode, nous la traiterons plus loin.

Bornons-nous à constater que les applications du principe social seront nombreuses. En beaucoup de points elles peuvent se trouver en conflit avec les lois économiques pures que nous étudierons bientôt. Alors, de même que la loi morale, elles corrigeront les tendances chrématistiques et remédieront à leur rigueur.

On a contesté l'existence des lois sociales, car on a nié l'existence de toute loi permanente. C'est une erreur et d'après nous une erreur grave, dans laquelle est tombée l'école historique.

Les lois du bonheur, les conditions du bonheur sont en rapport intime avec la constitution même de l'homme, avec sa nature. Plusieurs de ces conditions sont en relation intime avec l'ordre moral. Il y a dans les sociétés humaines des traits communs que révèlent la raison, comme l'observation comparée. C'est ce que Le Play appelait avec raison la *constitution essentielle de l'humanité*. Nier cela, c'est mettre en doute l'identité de la nature humaine, c'est rejeter les résultats les plus certains de l'observation.

Cette erreur est dangereuse, disons-nous, car le flot changeant risque d'emporter dans son courant la morale elle-même. Sans doute, les économistes de l'école historique ne sont pas tous des *transformistes*, bien loin de là. Mais l'école historique qui a beaucoup de bon, est exposée à ce danger.

Nous n'aurons pas de peine à montrer le point de contact du positivisme et de l'école historique pure. L'école historique en niant les lois sociales a déjà roulé sur la pente du socialisme, c'est le socialisme de la chaire. Plusieurs de ses membres ont été éblouis par les doctrines transformistes. Nous en trouvons la preuve manifeste dans le programme d'un économiste italien distingué de l'école nouvelle. Rejetant tout concept philosophique, toute doctrine, il n'admet que les faits matériels et historiques et conclut qu'*il n'y a qu'une seule loi naturelle : la loi de l'évolution* (1).

C'est la transition (2). L'école historique dans cette voie, retournera vite au système contre lequel elle fut d'abord une réaction. C'est un grave danger. Avec la théorie transformiste on arrive vite « à faire de ce qui répond aux caprices et peut-être aux vices du siècle une règle de morale et de justice sociale (3). » Nous le démontrerons bientôt.

Il faut donc maintenir la notion des lois sociales : elle tient compte d'une part de l'identité de la nature humaine, de l'autre, de la variété multiple des faits sociaux ; elle se base à la fois sur le raisonnement et sur l'observation comparée des peuples.

§ 3. Lois économiques proprement dites.

I. Notion et existence de ces lois.

C'est sur l'existence de ces lois que porte le débat le plus vif. Y a-t-il des lois naturelles de

(1) A. Loria. *La legge di popolazione ed il sistema sociale*, Siena 1882, p. 52.

(2) Cf. Jannet. *Introduction aux Lois économiques*, par A. de Metz-Noblat. Paris 1880. p. XV.

(3) Ch. Périn. *Les doctrines économiques depuis un siècle*. Paris 1880, p. 180.

l'économie politique ou n'y a-t-il que des faits changeants ?

La poursuite de l'intérêt réglé par la morale est certes légitime. Le travail en vue du profit, le désir de se procurer le pain quotidien et le bien-être sont une tendance naturelle et légitime de l'homme. Sans doute ce mobile n'est pas le seul qui l'inspire. Nous l'avons prouvé. Sans doute aussi il doit être réglé par la loi morale. Mais ainsi restreint, l'intérêt ou le désir d'acquérir les biens matériels, existe dans la société ; il est le ressort non pas unique, mais puissant de l'activité économique. Dans les sociétés mêmes où l'esprit de devoir aurait sur toutes les actions une influence décisive, on chercherait à se procurer les biens matériels. L'abondance de ces biens n'est qu'un élément du bien-être, mais en est un élément très appréciable.

Or, dans la recherche de ces biens, il y a certaines règles communes, certains moyens quasi-universels qui sont en rapport intime avec la nature même de cette activité économique. Ainsi, la propriété privée est au nombre de ces moyens. La forme pourra varier, se modifier ; le principe se retrouve dans l'histoire de tous les peuples. Il en est de même de l'échange avec ses principaux auxiliaires, de l'épargne, de l'association, de la division du travail, de la détermination de la valeur et du prix, de la monnaie, du taux de la rente, de l'inégalité sociale dans la constitution industrielle. Il y a là des éléments qui certes ne se retrouvent pas dans toutes les sociétés, mais qu'on est moralement sûr de retrouver dans toutes les sociétés dont le développement est arrivé à un degré analogue.

Cette sorte d'universalité repose sur les rapports intimes de ces moyens avec la fin immédiate de l'activité économique. Cette permanence de relations est reconnue par la science.

Les lois économiques sont donc les règles spéciales de l'activité économique. Elles indiquent les conditions générales de la prospérité matérielle.

Y a-t-il de pareilles lois ? La question ne nous paraît pouvoir être mise en doute. Il y a pour la richesse, comme pour tous les autres buts qu'on veut atteindre, des règles générales ; il y a des moyens adaptés au but, il y a des relations constantes entre les faits, relations de causalité. De même qu'il y a des lois de la stratégie, de la pédagogie, de l'administration, par exemple, il doit y avoir des lois de la chrématistique, c'est-à-dire des moyens par lesquels on arrive à la richesse.

Ces moyens, la loi morale, évidemment ne les indique pas, elle les autorise, les domine, les règle, les limite, mais ne les dicte pas.

Sont-ce là des lois naturelles ? Ce sont les lois de l'intérêt matériel.

Mais sont-ce de vraies lois naturelles ?

Entendons-nous. Veut-on dire qu'il y ait des règles d'action dont l'homme *ne puisse* se départir ; nous dirons *non*, car nous respectons le libre arbitre et nous nous séparons ainsi de l'école optimiste et fataliste. Veut-on dire que l'homme *doive* soumettre son libre arbitre à ces lois. Nous répondons non encore, car les lois morales seules s'imposent à la volonté. Mais veut-on dire enfin qu'il résulte de la nature humaine certaines tendances, certaines façons d'agir communes auxquelles l'homme peut se soustraire, mais auxquelles il se conforme généralement, nous dirons que, dans ce sens restreint, il y a des lois économiques et que ces lois suffisent à édifier la science. Il y a donc des lois économiques naturelles en ce sens que l'homme dans la poursuite de son intérêt temporel a certaines règles de conduite à peu près générales : c'est ainsi, nous l'avons dit, que le développement de la propriété privée est une loi économique naturelle. Et en effet la propriété, le désir de l'appropriation découle de la nature même, est en relation intime avec l'idée même de la vie sociale. L'association, l'échange et ses règles, les contrats, le travail en vue du profit, voilà autant de lois économiques naturelles, c'est-à-dire qu'une situation étant donnée, il est infiniment probable que ces faits se produiront. Comment se produiront-ils? On l'ignore. Il n'est pas même absolument sûr qu'ils se produisent. Se produisant, on ne sait pas comment ils se produiront. Mais leur germe se retrouve partout. C'est l'instinct de l'homme. Cet instinct, ces lois dites naturelles et qui le sont, diffèrent des lois véritables. Elles n'obligent pas. Une société comme un individu pourrait s'y dérober. Mais tandis qu'il est très possible et peu étonnant qu'un individu s'y dérobe, ce serait très surprenant de la part d'une agglomération d'hommes, d'une société. Voilà la portée que nous reconnaissons aux lois économiques ; ce sont les moyens généraux employés par les sociétés pour satisfaire à leurs besoins matériels, moyens dont l'efficacité découle de leur rapport avec la nature elle-même et de l'observation comparée des peuples. Ces moyens, dans leur existence normale sont parfaitement légitimes ; le législateur et le savant doivent les étudier et les respecter.

Ces lois trouvent leur application à tous les

degrés de la vie sociale ; leur amplitude d'action va en se développant avec l'accroissement matériel de la société. L'analyse attentive corroborée par l'observation comparée arrive à les mettre en lumière. On peut se tromper dans ses conceptions, et prendre pour des lois ce qui n'en est pas ; mais l'erreur de l'esprit ne peut servir d'arguments contre la science elle-même.

Les applications de la loi varient à l'infini et revêtent mille formes diverses. Le libre arbitre de l'homme a ici la plus grande part. Il est impossible de définir les applications. Elles varient à l'infini s'adaptant aux conditions locales et aux découvertes des sciences physiques. A chaque pas se présente une application nouvelle, mais il y a certaines lois économiques naturelles et communes en ce sens que les sociétés humaines se développent d'ordinaire en s'y conformant.

L'économie politique a analysé ces usages, ces moyens d'arriver à la richesse. Elle a résumé ses conclusions en certaines formules qu'elle a appelées *lois économiques* ou, si l'on veut préciser le point de vue : *lois chrématistiques*, et en a tiré des conséquences pratiques. Elle a créé ainsi une science.

Ces lois n'ont pas une nécessité physique et

nécessaire. Il n'y a dans leur système, nous le verrons bientôt, rien qui rappelle Ricardo, Spenser, Buckle, ni même Quételet. Mais elles font à la nature humaine, étudiée en elle-même et prise sur le fait, la part légitime qui lui convient. Pourquoi enlever à la science cette boussole? Pourquoi, surtout quand on reconnaît la valeur des inductions statistiques et des règles historico-sociales?

Mais ces lois ou moyens économiques restent soumis à la loi morale. L'homme est tenté d'abuser de la richesse, de la rechercher pour elle-même, d'en faire un emploi égoïste, de la poursuivre par tous les moyens. La morale doit donc présider à cette recherche, régler la poursuite des biens temporels et les moyens de l'acquérir. Ces moyens existent. Ils sont légitimes en eux-mêmes, mais doivent être limités par des lois supérieures. C'est ce que nous avons démontré déjà au premier chapitre de cette étude. La loi absolue, immuable, s'adapte aux cas particuliers ; chaque loi économique a nécessairement sa loi morale corrélative; car, dans la vie de l'homme rien n'échappe jamais à la loi morale. Ces applications peuvent constituer des conséquences moins immédiates de la loi souveraine ; elles ont comme leur objet une sorte de caractère hypothétique. Aussi la loi morale de l'économie politique est-elle souvent difficile à préciser dans chaque cas particulier. Mais il y a cependant des lois d'ensemble que la raison et l'expérience mettent en lumière chaque jour et dont l'observation est essentielle au bonheur et à la prospérité de toutes les nations.

Il ne s'agit donc pas de déduire toute la science économique du principe de l'intérêt égoïste. Mais il n'en est pas moins vrai que l'homme poursuit dans la vie sociale son intérêt légitime et que de cet intérêt résultent des sortes de règles communes. Ces règles existent. Sans doute la loi morale en détermine et en limite l'exercice; sans doute aussi bien des influences de divers ordres en modifient l'application. Mais il n'en reste pas moins que dans la recherche légitime de l'intérêt temporel elles ont une réalité incontestable. Nous sommes très loin de Ricardo et de ses formules mathématiques, nous ne croyons pas au laissez-faire absolu, ni à l'harmonie nécessaire des intérêts; mais dans certaines limites que nous venons d'indiquer, nous ne refusons pas leur valeur aux formules anciennes. La concurrence ne règle pas seule la valeur, c'est clair; Stuart Mill lui-même l'a fort bien compris. S'en suit-il qu'elle n'ait aucune action, qu'il faille négliger cette règle économique? La loi d'airain, grâce au ciel, n'est pas une vérité pratique; s'ensuit-il que l'offre des bras n'ait pas d'influence sur le salaire?

C'est à tort, nous semble-t-il, qu'on rejette tout le patrimoine scientifique de l'école anglaise. On doit y prendre son bien.

Les règles qu'elle a formulées ne sont pas absolues, mais elles agissent avec énergie dans l'ordre des intérêts matériels.

Il nous semble qu'en général les néo-économistes pourraient admettre l'existence des lois naturelles, ainsi entendues. Le rapport de la propriété avec le travail est une de ces lois les mieux établies; que la propriété subisse de transformations, que son usage doive être réglé par la morale, c'est certain; qu'on puisse en supprimer le principe, non.

Le vice du doctrinarisme scientifique n'est pas de reconnaître l'existence de certaines lois, mais d'en imaginer de fausses, par le vice de sa méthode, de les mal comprendre souvent, d'exagérer leur portée, et d'oublier plus souvent encore que l'homme est tenté d'en abuser.

En effet, il y a loin de reconnaître, comme nous le faisons, ces *tendances* générales, à préconiser l'uniformité invariable des *lois* naturelles absolues, et surtout à proclamer le *laissez-faire* de tous les intérêts économiques.

Dans cette mesure, celle que nous venons de définir, il y a des *lois* économiques (1).

Il y a donc des lois économiques, c'est à dire une constitution normale de l'ordre industriel : *certains moyens généraux et légitimes, par lesquels l'homme réalise ses fins temporelles et augmente sa richesse matérielle.* Loi morale et lois économiques se combinent donc pour former l'ordre industriel.

En combinant tous les éléments du bonheur et de la prospérité, on arrive à établir les lois de la prospérité des nations. C'est ce que font quelques économistes sociaux, les économistes chrétiens et les membres de l'école de la paix sociale.

II. Objections.

L'existence des lois économiques même dans le

(1) Voir l'exposé complet de la controverse fait avec talent et précision au point de vue de l'école ancienne, par M. Maurice Block. *Les deux écoles économiques*, dans les Bulletins de l'Inst. (Acad. sc., mor. et polit.), par Vergé, 1879, p. 705; et au point de vue de l'école nouvelle, entre autres par le Dr G. Schönberg. *Das wesen der Volkswirthschaft* dans le *Handbuch der polit. OEkon.* Tubingue, 1882, t. I, p. 15 et 19.

sens restreint que nous leur avons assigné a cependant été et est encore très vivement combattue.

Il est d'abord dans les habitudes de certains auteurs de condamner ces sortes de lois, comme étant des abstractions. Mais toutes les généralisations sont plus ou moins abstraites. Cela ne veut pas dire qu'elles soient inutiles. Cette épithète n'est donc pas un argument, et la critique de M. Cliffe Leslie (1) nous paraît en défaut sur ce point.

D'autres voient dans les lois économiques, la consécration de l'égoïsme. Si, d'après nous, les lois économiques ne sont pas des lois naturelles, disent-ils, c'est que l'intérêt n'est pas le seul mobile de l'homme. Tous les Allemands, Knies, Hildebrand et autres, insistent sur cette considération (2). Elle est, d'ailleurs, le pivôt de l'école éthique. Ces auteurs ont raison ; les lois économiques supposent que le profit, l'intérêt soit la loi de l'activité humaine. Or, cela est faux. Il en

(1) *On philosophical method of political economy*. Voir l'analyse et la critique, par M. Maurice Block. Les deux écoles économiques. Bulletins de l'Institut. Acad. sc. mor. et polit. 1879, p. 705 sq.

(2) Knies. *Die politische Œconomie vom standpunkte der geschichtlichen methode*. Brunswick, 1873, p. 229, etc.

résulte que les lois économiques n'ont jamais leur plein jeu, et qu'il serait même nuisible que ce jeu fût libre et indéfini. Mais il n'en est pas moins vrai que là où il y a poursuite d'un intérêt légitime ou autre, ce sont ces lois qui constituent la règle de l'activité humaine. Elles sont limitées, elles doivent l'être, mais elles ont néanmoins une existence réelle comme toutes les lois d'une activité spéciale.

Il est faux et dangereux de les proclamer générales, nécessaires, absolues. Il est légitime et naturel de reconnaître leur existence hypothétique, en affirmant leurs limites nécessaires et réelles. L'*isolement* de l'activité économique est nécessaire à la découverte des règles spéciales qui y président ; mais il est, il doit être purement hypothétique. Ce caractère hypothétique détermine, nous le répétons, la mesure de leur action, mais n'atteint ni leur existence ni leur utilité scientifique (1).

L'écolé éthique a donc parfaitement raison d'attaquer l'absolutisme des lois économiques, de

(1) L'isolement n'est pas l'indépendance, dit fort bien M. Baudrillard. *Les rapports de l'économie politique avec la morale.* 2e éd. Paris 1883.

combattre ceux qui veulent en faire des vraies lois naturelles, obligatoires, absolues et qui concluent au *laissez-faire* sans restrictions. C'est là l'égoïsme utilitaire, c'est en consacrer le règne qui serait désastreux pour la société. Les économistes chrétiens ont toujours affirmé cette vérité. On ne croit plus aux « *harmonies économiques* » de l'égoïsme, malgré les généreuses et brillantes illusions de Bastiat.

Mais il ne faut pas pour cette raison rejeter l'idée des principes généraux de la science, dans la mesure que nous avons déterminée. Parce que la loi des profits et de la concurrence, par exemple, a des limites nécessaires et des abus trop constatés, faut-il en conclure qu'elle n'existe pas, et négliger ce facteur dans l'appréciation d'un état social? Entre la loi économique de la concurrence et la loi absolue de la *libre* concurrence il y a une différence que tout le monde saisira. Elle est essentielle. Qu'on limite la concurrence, qu'on réprime ses abus, soit ; mais qu'on ne la nie pas.

Le caractère hypothétique des lois économiques est d'ailleurs reconnu par Stuart Mill lui-même; parmi les modernes, sous l'action des théories de l'école éthique, beaucoup le proclament. Parmi les Italiens, Cossa (1) et Nazzani (2) admettent ce point de vue, que Rümelin avait exposé en d'autres termes (3), auquel Schönberg se rallie aujourd'hui (4).

Concluons que *l'homme dans la société peut poursuivre un intérêt matériel légitime. Or, il y a certains moyens spéciaux de poursuivre cet intérêt. De ces moyens on a fait un système. L'homme peut en abuser, il a tort ; car alors il sacrifie son bien général et son devoir à un but inférieur, égoïste, matériel. Ces moyens constituent la règle ordinaire de l'activité dans la recherche du profit matériel; ils sont légitimes, mais ils doivent être limités par la loi morale; ils le sont en fait par la poursuite des autres éléments du bonheur.*

En affirmant tout cela et l'affirmant très haut et ferme, on peut cependant admettre dans le sens et la mesure nettement précisés plus haut, cette thèse : *La chrématistique a ses lois.*

(1) *Guida allo studio del l'economia politica.* Milano 1878. p. 45 sq.

(2) *Saggi di economia politica.* Milano 1881, p. 15.

(3) *Ueber den Begriff eines socialen Gesetzes* dans les *Reden u. Aussätze.* Tubingue 1875, init.

(4) *Volkswirthschaftlerhe* dans le *Handbuch der Politischen Œconomie,* Tubingue 1882, t. I, p. 15.

Ces lois sont inutiles, pourrait-on objecter encore, puisqu'il faut ainsi les limiter et les restreindre.

Non, elles sont vraies à un point de vue que nous avons indiqué. Ce point de vue n'est pas exclusif dans la pratique ; il ne doit pas l'être, mais il existe et exerce une influence sérieuse sur l'activité humaine. La négliger serait donc aussi imprudent que l'exagérer est funeste.

En matière de salaires, par exemple, il serait aussi fâcheux de se tenir rigoureusement à la concurrence, qu'absurde de n'en tenir aucun compte. La loi économique est insuffisante, mais elle est cependant un guide utile et même nécessaire.

Il faut donc connaître ces lois pour les respecter dans leurs manifestations légitimes, pour saisir et supprimer les causes des abus qu'elles entraînent. C'est une boussole.

Ces lois de la chrématistique sont souvent malaisées à établir. Il y a bien des sciences dont les lois sont mal fixées. Celles de la morale même sont bien discutées en dehors de la vérité chrétienne. Cette lacune ne prouve donc rien contre elles. Chaque jour on découvre des lois nouvelles ; chaque jour on démolit de fausses lois. C'est ainsi qu'on a détruit dans l'ordre économique le fonds des salaires, et la balance du commerce; qu'on a fait justice de la loi d'airain. Nous verrons dans le chapitre suivant la méthode la plus propre à les mettre en pleine lumière ; l'erreur des savants, répétons-le, ne prouve d'ailleurs pas contre la science.

Qu'on étudie donc les lois de la chrématistique, mais qu'on ne les présente jamais pour ce qu'elles ne sont pas. Qu'on précise leur nature, qu'on les déclare soumises en fait comme en droit à des limites nombreuses ; qu'on se garde surtout de les croire absolues et de voir dans leur libre et égoïste expansion la condition unique de la prospérité sociale.

L'exposé des lois économiques seules, ce que Cherbuliez et même Rossi ont appelé l'économie politique *pure*, est tout ce qu'il y a de plus mauvais et de plus faux, si on le prend isolément, à titre de règle unique de l'action humaine ; on en a fait savante et brillante justice (1) ; mais il est utile, si on le présente et l'étudie comme un élément restreint de cette activité.

Comment faut-il donc étudier ces lois de la

(1) Rossi. *Cours d'économie politique*, 3e leçon. — *Cf.* Périn. *Doctrines économiques depuis un siècle.* Paris 1880, ch. 7. — de Laveleye. *Le socialisme contemporain*, p. 18, etc.

chrématistique? Faut-il en faire une science séparée? Qu'on en fasse un exposé distinct, mais une séparation complète pourrait aboutir à l'indépendance. Qu'on détermine les lois de la chrémastitique, mais qu'on se garde d'en séparer l'exposé de celui des limites qui s'y imposent. Exposer ces lois seules, comme lois, serait prêter aux fausses conclusions de l'absolutisme utilitaire. Il faut à chaque point du problème de la richesse, après avoir indiqué la tendance chrématistique, préciser avec soin la règle morale ou les intérêts supérieurs qui la limitent ou la modifient, indiquer les principaux faits qui la combattent. A cette condition seulement, l'exposé scientifique répondra à la réalité sociale, sera utile et pratique. Exemple : on fonde une industrie. La règle chrématistique est de faire le plus possible au meilleur marché possible. Donc, entre autres, de tirer de ses ouvriers le plus de besogne au moindre salaire ; c'est le principe du *cheap labour*. Or, la morale et les intérêts de la société mettent une limite à cette tendance égoïste en ce qui concerne notamment le travail du dimanche, celui des femmes et des enfants, la durée des heures de travail, etc. Il restera toujours vrai qu'on ne fait une industrie que pour en tirer un profit, mais les moyens d'augmenter le profit sont dominés par des raisons d'un ordre plus élevé.

Il en est de même pour la fameuse loi d'offre et demande, règle des valeurs. En l'exposant il faut l'interpréter, en montrer l'élément psychologique qu'on méconnait souvent, que Ricardo oublie tout à fait. Quand on l'a interprétée, il faut en montrer les exceptions : la charité, par exemple, dit qu'il faut parfois donner sans rémunération ou céder à bas prix ; la coutume agit aussi sur les prix ; chaque contrat a ses circonstances spéciales. Cela n'empêche pas la formule d'être vraie sur le marché, elle agit avec toute sa rigueur dans la chrématistique pure, dans le cours du change, par exemple. Ailleurs il en est autrement ; le tout est de s'entendre ; mais il faut dire ces choses essentielles.

De même encore, la concurrence commerciale fait baisser les prix. Cela est général, on l'indique, c'est la loi économique. List lui-même ne peut la contester ; mais on ajoute aussitôt les restrictions que peut suggérer l'intérêt national.

Les lois chrématistiques ou économiques ainsi comprises ne sont pas, répétons-le encore, de *vraies lois* ; elles n'obligent pas la volonté, ce sont des règles en vue d'obtenir un but déterminé. On peut donc, on doit même souvent y déroger et on le fait constamment, soit en vertu d'une loi morale soit pour le bien général, soit pour un autre bien individuel.

Maintenues dans leurs limites nécessaires, les lois chrématistiques ont donc une action sérieuse sur le progrès de la prospérité nationale.

Si elles dépassent ces limites, l'égoïsme utilitaire désorganise la société et finit indirectement par anéantir la prospérité, par anéantir les sources mêmes de la richesse matérielle.

La chrématistique existe donc, mais elle doit être dominée par l'économie morale.

C'est l'ordre, et l'ordre, répétons-le, est la seule garantie durable de la prospérité sociale.

Suivre les seules lois de la chrématistique serait augmenter pour un instant peut-être la richesse sociale, mais en détruire la source pour l'avenir (1).

La poursuite de la richesse ne peut pas sacrifier à l'intérêt du moment l'avenir de la prospérité sociale, *et propter vitam, vivendi perdere causas.*

(1) Frédéric List entre autres a fort bien expliqué cette grande vérité, *Die Theorie des Nationalen Systems der Politischen Œkonomie.* Ed. Stuttgart, 1877, ch. 1 et 2.

§ 4. Lois historiques, lois du développement social.

On appelle ainsi certaines coutumes générales résultant de la condition actuelle de l'humanité et qui sont en rapport intime avec cette condition même. On assigne aux sociétés une voie de développement régulier, un système d'évolution économique et social, ou le mal et le bien, les prospérités et les abus ont leur place.

Ce système n'est pas sans valeur ; il se base sur les tendances générales de l'homme et sur la manifestation ordinaire de ces tendances, sur les rapports existant entre les divers phénomènes. Mais, au lieu de leur reconnaître un caractère de généralisation, de probabilité, ses partisans cherchent à lui donner une portée tout à fait générale et absolue. Ils confondent l'ordinaire et le nécessaire, la probabilité avec la loi, et appliquent ces idées à toute la vie sociale.

Ce système méconnaît la liberté morale de l'homme ; c'est la tendance à laquelle a succombé l'école positiviste dont nous avons signalé le système au début de ce chapitre. A son sens les *mœurs générales* et les *lois* se confondent. Elles empruntent à la nature même leur certitude et leur nécessité. Ces lois sont tout le secret du développement social, la clef du passé et même de l'avenir ; c'est à leur aide qu'on peut avec certitude constituer la sociologie. La prédiction ellemême n'y est pas sans base mathématique. Herbert Spencer a développé ce système avec l'éclat qui le distingue (1); Comte, Buckle (2), Littré (3), Taine et d'autres l'ont appliqué à l'histoire sous des formes différentes, plus ou moins radicales. Ce système tient de l'absolutisme des économistes et de la variabilité des historiens. A la *loi de l'intérêt* se substitue la *loi historique de la lutte pour l'existence*, seule règle de l'homme et de l'évolution sociale.

Tous les écrivains de l'école évolutionniste ne présentent pas leur doctrine sous la même forme. Les uns, philosophes, y voient une application de la théorie allemande du *devenir* exposée par Hégel. D'autres, plus positifs ou naturalistes, invoquent de préférence les exemples et les idées de Darwin, pressentis par Malthus.

(1) *Introduction à la science sociale*, ch. 2 et 3.

(2) *Histoire de la civilisation en Angleterre*. Voir un résumé du système par M. Luzzati. Réforme sociale, 1er nov. 1882.

(3) *Cours d'histoire*, 1e leçon de la *Revue de philosophie positive*, 1871. Cf. *La science au point de vue philosophique*, Paris 1873.

La nature de l'homme, la liberté morale, répugnent à ce système. Certes, les conditions extérieures, le climat, le milieu, la race, le territoire, exercent une grande influence sur le développement industriel et les conditions de l'économie nationale, mais ces circonstances n'exercent pas sur elles l'influence décisive qu'on leur prête ; la lutte pour l'existence matérielle n'est pas chez l'homme simple affaire d'instinct, d'*évolution ;* c'est la volonté, le caractère moral des peuples qui fait leur civilisation.

Quelle est donc la valeur des lois historiques, ou lois du développement social? La valeur d'une probabilité, d'une vraisemblance d'autant plus vague que les termes mêmes seront plus généraux. On peut par exemple affirmer que dans une société riche existe la propriété privée des terres ; qu'avec l'augmentation de la population, la culture devient plus intensive, que le régime de la propriété exerce de l'influence sur le régime politique; que les abus de luxe sont fréquents dans les sociétés compliquées. Voilà des vraisemblances nettes, précises qui ont une probabilité rationnelle; mais on le voit, nos formules sont toutes hypothétiques. Nous ne croyons pas pouvoir affirmer qu'une société passera par une de ces phases; nous ne croyons pas à la fixité nécessaire de l'histoire; tous les peuples ne doivent pas s'enrichir et beaucoup ne s'enrichissent pas. Le faisant, ils ne le font pas tous d'une façon identique. Qu'en rassemblant tous les éléments de vraisemblance, on construise un système d'histoire économique, nous n'y avons rien à redire, pourvu qu'on présente ces conclusions comme un système et qu'on dise : Une société idéale se développera probablement de telle façon. Le comte de Thuenen (1) a fait cela pour les périodes agricoles. Les auteurs allemands ont constitué de même les phases économiques (2). Cela est de l'histoire pour certains peuples, cela est de l'hypothèse générale, cela n'est pas de la doctrine, cela ne sont pas des *lois*. Elles sont vraies idéalement, considérées comme des abstractions, résultat d'un grand nombre d'événements contenus dans un long espace de temps; mais dans la réalité elles sont à chaque instant sinon contredites, au moins contenues, modifiées, retardées. Les faits contingents les régissent autant qu'ils en sont régis. Ces conceptions ne

(1) *Der Isolirte Staat* (1re éd. 1842-63); éd. nouvelle, 1877.

(2) *Die Wirthschaften*. V. Hildebrand. *Natural. Geld u Credit. wirtschaft. dans les Jahrbucher f. Nation. œkon. u. statist.* Jéna, t. 2. Tous les auteurs se servent de ces termes.

sont pas inutiles d'ailleurs, elles servent à la clarté de l'exposé scientifique.

Résumons-nous : *a*) *On peut affirmer qu'à tel état social correspondra probablement tel ordre de faits et réciproquement que tels faits externes exerceront telle influence sur le développement économique*. Par exemple : dans une société industrielle il y aura de la division du travail, et un certain développement des voies de communication ; la propriété privée du sol existera. De même, de telle nature du sol résultera telle constitution de la propriété, etc. Il y a là un effet, un rapport rationnel entre les phénomènes. *b*) *On ne peut affirmer que toute société se développera d'après le même plan*. On ne croit plus aux *âges* de l'humanité ; l'évolution partout identique de la propriété ne résiste pas à l'étude des faits ; non plus que celle des formes du travail.

En un mot on ne connaît d'autres LOIS *que les rapports généraux des moyens à la fin. Hors de là il n'y a que des vraisemblances, des* PROBABILITÉS, *des certitudes morales basées sur les rapports ordinaires et constatés entre les divers phénomènes.*

Ces observations prouvent assez l'abus que font du mot *lois* beaucoup d'écrivains. On ne peut que conseiller en cette matière de s'abstenir de conclusions rapides et absolues (1).

Il importe de tenir compte de cette prudence dans l'appréciation *des lois de la statistique* auxquelles on attribue parfois aussi une portée irrationnelle et dangereuse. Il existe, avons-nous dit, des vraisemblances, des probabilités. Elles sont d'autant plus fortes que l'analogie des situations est plus grande. Ceci n'est pas sujet à discussion tant qu'il s'agit de statistique physique, de la mortalité, par exemple. Mais il faut le préciser en ce qui concerne la statistique morale. Or il n'y a dans celle-ci qu'un calcul de probabilité; les mêmes influences agissant sur la même société produisent ordinairement les mêmes effets. Il y a loin de là, à la physique sociale qui érige en une sorte de nécessité, de fatalisme, la répétition des phénomènes statistiques. Quételet (2) a été trop loin dans cette voie, entraîné par le côté mathématique de sa science.

(1) C'est par l'abus de la généralisation et par des observations incomplètes et rapides qu'une foule d'auteurs ont étayé leur système historico-social.

(2) *Essai de Physique sociale.* — Cf. Maurice Block. *Traité de statistique*, Paris 1878, p. 128. *Les lois statistiques et la liberté morale.*

L'homme est libre, le corps social est libre aussi; mais dans sa volonté et son choix, il subit des influences diverses. Ces influences, ces faits ont agi ordinairement sur lui de telle façon, il en est résulté telle série de phénomènes. Cette influence et ce résultat semblent logiques, ils sont souvent répétés et constatés. Il est permis de croire qu'ils se reproduiront dans les mêmes circonstances. C'est là une probabilité d'autant plus intense que les éléments en sont plus sérieux et plus nombreux. Ce n'est jamais une loi absolue. C'est la justification, c'est aussi la mesure de la valeur accordée aux lois historiques et statistiques.

§ 5. Les lois positives et les coutumes.

Le champ est vaste encore pour les variations des législations positives et des coutumes. C'est, dans l'organisation, l'application des règles générales qu'elles ont leur rôle à jouer. Les influences de la nature sont ici bien plus éloignées. Les circonstances, les influences de tout genre, climatériques, politiques ou autres, causent des diversités infinies. Il y a des choses trop nombreuses à combiner pour pouvoir porter des lois générales. Il faut à l'aide des lois constatées et des faits connus apprécier les situations diverses. C'est le moyen de saisir l'origine des coutumes; c'est le moyen aussi de décider les règlements nouveaux du législateur. C'est à ce point de vue qu'il faut juger la situation des diverses sociétés : l'organisation de la propriété et des successions, la constitution de l'industrie, les règles admises en matière de commerce et de crédit. Tout en tenant compte des lois morales, c'est à l'observation et à l'histoire qu'appartient ici le grand rôle. Ici le relatif, le contingent dominent. Il faut étudier avec soin les circonstances locales de tous genres. Chaque peuple vit dans une sphère d'activité particulière, où se meut la liberté humaine sous les influences les plus diverses.

Au tact de l'économiste il appartient d'étudier les coutumes, d'apprécier leur rapport avec la situation actuelle ou le passé historique de la nation, à préconiser les réformes et à décider de leur opportunité. Dans toutes les nations qui se développent, on constate la lutte perpétuelle de la nouveauté contre la tradition; c'est l'objet constant des études de l'économiste. La religion, la science ont sur ce détail une action très puissante; l'économiste peut exercer une action considérable sur les esprits et sur les faits.

L'économie et le droit ont ainsi des rapports intimes que tout le monde proclame aujourd'hui. L'économie politique est entrée officiellement dans le cadre des études juridiques. Les lois positives et la législation comparée ont pour notre science une importance considérable.

Nous l'avons bien dit, et le répéterons encore, la coutume, la tradition ne peuvent prévaloir contre les principes, mais servent à en éclairer l'application.

De même les lois positives ne sont point bonnes en elles-mêmes et doivent s'adapter aux situations. M. Léon Say dit fort bien : « Il en est des lois comme des plantes ; il leur faut un sol favorable et des conditions favorables de développement. La fureur d'importer les habitudes d'un autre pays dans le sien devient quelquefois une manie ; il faut se garer de cette manie (1). »

Il est donc utile d'étudier à la fois les lois positives et les conditions spéciales de leur application à chaque pays. Dans cette mesure, avec cette sagesse, l'étude des législations et des coutumes a une importance considérable et peut utilement inspirer le législateur.

(1) *Le socialisme d'état*, Paris 1884, p. 10.

Quelle est l'action de la loi positive,c'est ce qu'il faudra examiner en étudiant le rôle économique des pouvoirs publics.

—

Nous sommes loin, on le voit, de rejeter la notion des principes et des lois. Au contraire, c'est le fond même de la science. Nous nous bornons à apprécier leur valeur et à préciser leur portée. L'abus des mots est dans le monde un des pires dangers ; il importe de l'éviter et de définir les notions qu'on accepte. Ces définitions forment l'élément essentiel d'une introduction à la science.

La solution que nous avons exposée et que nous croyons être la vraie, est éclectique. Telle sera aussi notre méthode. Cet éclectisme nous paraît rationnel. C'est le fond de vérité des deux écoles qu'il faut unir et concilier. Les uns proclament l'existence des lois, et ajoutent que loi et nécessité se confondent. Les autres voyant que la nécessité n'existe pas, rejettent la loi elle-même. Erreur, double erreur produite par l'abus d'un mot, le mot *loi*. Que si loi veut dire nécessité, il n'y a pas de lois que les lois morales, à celles-là seules on *doit* obéir. Les autres ne portent qu'improprement ce nom. Elles sont hypothétiques, vraisemblables, soumises à une foule de conditions de fait qu'on confond même trop souvent avec elles. Elles existent cependant, ont leur valeur et leur portée et servent de boussole à l'économiste et à l'homme d'état.

Notre système ne borne nullement la science à une froide constatation de *ce qui est*. Nous étudions les vrais éléments, les vraies lois de la prospérité. Les indiquer, les appliquer aux circonstances diverses, n'est-ce pas faire, comme on le demande, de la *thérapeutique* sociale; n'est-ce pas signaler le remède aux nations qui souffrent?

CHAPITRE III.

La méthode dans la science sociale.

—

§ 1. Etat de la question.

La méthode a une importance considérable dans toutes les sciences. C'est d'elle que dépendent les solutions et leur caractère. Une méthode mathématique aboutira au dogmatisme absolu ; une méthode expérimentale fera aux faits une part importante, reconnaître la nature contingente et relative d'une foule de phénomènes. C'est assez dire que la question de la méthode a une influeuce directe sur le problème des lois économiques. Aussi est-elle devenue à bon droit une des questions-maîtresses de la science. Sur ce terrain nous retrouvons donc les mêmes champions ; ils n'ont fait qu'adapter leur conclusion à la thèse spéciale. Le même principe les inspire.

Posons nettement cette grave question de la méthode.

La science sociale dispose de deux méthodes principales : la méthode déductive, logique, *a priori*, et la méthode inductive, expérimentale, *a posteriori*.

1. La première cherche son point de départ dans les principes absolus de la raison ou de la foi, et en *déduit* par voie de raisonnement abstrait les applications et les conséquences.

2. La seconde prend le sien dans l'observation des faits; et par la généralisation des faits elle crée des lois.

En d'autres termes, la première méthode a sa base dans *la notion de la nature humaine*; la seconde dans *l'analyse des actes humains*.

Ces deux systèmes ont chacun leur base de certitude démontrée par la logique.

Auquel faut-il donner la préférence dans la science économique ?

Tous deux ont été l'objet de reproches et de critiques.

I. — A la méthode philosophique on reproche *a*) d'être trop absolue; les conclusions dit-on, y sont mathématiques et invariables pour tous les cas particuliers. L'application de cette méthode ferait passer le même niveau sur toutes les sociétés, les façonnerait toutes au même moule. En partant de principes fixes on arrive à ne reconnaître que des lois générales et naturelles. Beaucoup de philosophes, surtout parmi les anciens, ont poussé ce défaut à l'extrême et ont formé des cités idéales, dont l'organisation répondait à leurs principes. On connaît assez, depuis la République de Platon, jusqu'à l'Utopie de Thomas Morus et à la cité du soleil de Campanella, toutes les bizarreries de l'*a priorisme*. D'autres, plus réfléchis se sont bornés à appliquer leurs idées aux sociétés existantes, mais tenir aucun compte des réalités et des circonstances. On ne peut calculer les erreurs et les dangers de l'*a priorisme*. C'est de lui que procèdent les théories révolutionnaires et communistes ; c'est de lui que procède d'autre part le libéralisme économique de l'école orthodoxe

La méthode déductive pêche donc par son absolutisme. Il méconnaît les réalités pratiques et les sacrifie aux conceptions philosophiques.

b) On reproche encore à la méthode déductive d'être incomplète. Cette méthode ne s'appuie que sur des principes généraux et ignore les moyens que suggère l'expérience sociale. Comment décider par la méthode *a priori* les conditions de l'activité du travail ? on en trouvera quelques-unes, les plus générales ; mais les autres, celles d'ordre économique proprement dit, comment y parviendra-t-elle ? Cette méthode peut servir à apprécier les institutions, non à les inventer.

II. — D'autre part la méthode inductive n'est pas à l'abri des reproches. N'étudier et n'enregistrer que les faits, c'est détruire la science des principes pour ne faire que de la politique d'expédients ; c'est faire abstraction des lois de l'activité humaine et s'exposer par contre-coup soit à nier toutes ces lois, soit à ériger les faits eux-mêmes en lois absolues. L'induction aboutit nécessairement dit-on soit à la théorie des lois fugitives, soit à la théorie fataliste.

Il y a du vrai dans ces reproches. Les deux méthodes prises isolément ont leurs inconvénients, leurs lacunes. A laquelle donc donner la préférence ?

Chaque science a sa méthode propre, en rapport avec l'objet de ses recherches (1). On ne peut faire de physique *a priori*, ni de mathématiques *a posteriori*. La première est toute dans les choses, les secondes sont toutes dans les formules. La science

(1) Voir à ce point de vue le caractère spécial de la certitude historique exposé par le P. Ch. de Smedt, bollandiste, *Principes de la critique historique*. Paris 1883, ch. IV, p. 60.

sociale elle aussi doit avoir son procédé, sa méthode. Cr quel est son objet ? c'est la vie sociale ; c'est à dire l'activité de l'homme. C'est là une matière vaste et complexe dont les termes sont malaisés à saisir.

Dans les sciences qui s'occupent d'un autre règne de la nature, la certitude d'un calcul ou d'une induction est absolue quand ils sont bien faits. On aboutit à des lois nécessaires : la circulation du sang, la gravitation. Cela est, cela sera. cela doit être. On peut avec autant de certitude calculer une planète que la constater. Les erreurs viennent du savant ; les faits ne démentent jamais une loi, car rien n'agit qu'en vertu d'une loi nécessaire.

Dans les sciences *humaines*, on peut constater ce qui est, établir ce qui est le mieux, ce qui doit être ; mais non ce qui sera certainement, parce que les faits diffèrent des lois. Les lois sont des lois morales ; la volonté peut y déroger, elle est libre. Il y a dans l'homme même des causes perturbatrices qui échappent au calcul et à la prévision. L'être et le devoir différent, il faut donc les établir chacun de leur côté. Il y a donc, dans la science sociale, des objets différents. Il y a l'élément fixe, la nature humaine ; il y a l'élément variable, l'acte humain qui s'adapte aux circonstances de tous genres.

C'est l'élément fixe qu'il faut atteindre. Comment y arriver? Comment établir la loi de l'activité humaine ?

On peut y arriver de deux façons, d'après les deux méthodes signalées ; mais les influences si multiples, sous lesquelles l'homme peut agir, rend leur usage simultané, non seulement opportun, mais nécessaire.

Voyons comment elles doivent se combiner dans la pratique. Cela nous permettra d'apprécier en même temps les objections que nous avons signalées plus haut.

§ 2. La méthode déductive.

Cette méthode part du concept de la nature humaine, des données de la foi et de la philosophie. Elle assigne avec certitude à l'homme la règle morale qui doit présider à son existence, à son activité économique.

La méthode *a priori* détermine donc avec certitude les lois supérieures de l'ordre moral et religiêux. C'est là évidemment son domaine : la déduction dans les principes nécessaires. La méthode conclut : *l'homme, pour accomplir sa fin obligatoire, doit agir ainsi.*

Puis descendant à l'ordre économique proprement dit, la raison reconnaît à l'homme certaines tendances ; la tendance générale à se procurer les biens temporels. De cette tendance elle déduit les règles de l'activité économique proprement dite. Elle conclut : *l'homme, en général pour s'enrichir, doit agir ainsi.*

Mais l'homme est tenté d'abuser des biens temporels. Or, il doit toujours accomplir sa fin divine. La raison combine donc la loi morale avec la loi économique et conclut : *l'homme, pour être heureux et riche en même temps, doit agir ainsi.*

La méthode philosophique, *a priori*, démontre donc les principes généraux ; partant de la nature humaine, des vérités de l'ordre philosophique, elle en déduit les règles soit obligatoires soit générales de l'activité humaine.

Qu'est-ce donc qui empêche cette méthode d'être la méthode unique de la science? En un mot *c'est la variété des phénomènes, la liberté humaine.*

Il est impossible de déduire de la nature humaine toutes les applications, tous les détails ; nous l'avons vu, les goûts, les caractères, les circonstances varient. Ce qui est utile ici, ne l'est pas également partout ni à toutes les époques ni à tous les degrés. Or, la méthode déductive est absolue; elle pose des règles, mais elle n'est pas pratique, en ce sens qu'elle ignore les circonstances.

La loi morale est partout identique à elle-même, les moyens de s'enrichir et d'être heureux varient aux moins dans leur détail, à toutes les latitudes, à toutes les périodes de l'histoire. Les tendances générales existent, mais s'incarnent dans des organisations infiniment diverses, toutes conformes à la nature, mais fort différentes entre elles.

La méthode déductive peut fixer les lois et les généralités. Là elle est bonne, nécessaire, mais là aussi s'arrête sa mission.

La méthode déductive, même dans ces limites, a eu de fâcheuses conséquences. On lui attribue, nous l'avons dit, les théories communistes et les utopies de tous ordres. Ces conséquences tiennent non à la méthode, mais à ses abus ou à l'erreur de son point de départ. Le vice des doctrinaires de la science ne consiste pas à admettre des lois, mais à les mal comprendre et à en exagérer la portée. Si tant d'utopies se sont fait jour, c'est qu'on se faisait une mauvaise idée, une idée fausse de la nature humaine. Si on considère la nature humaine comme essentiellement bonne, ne voulant que son intérêt vrai, c'est à dire le bien, on aboutira au système de l'économie libérale, de l'ordre naturel. La conséquence est fausse, parce que le point de depart philosophique est faux : c'est l'optimisme de Rousseau. Les communistes et socialistes partent aussi d'idées,de concepts préconçus, fantaisistes. Pour que la méthode déductive soit bonne et utile, il faut que le concept, dont elle part, soit vrai. Ceci est élémentaire. La fausseté du point de départ est le grave danger de la méthode déductive. Or, les concepts de la nature humaine étant souvent fantaisistes, et variant avec les écoles philosophiques, on comprend que beaucoup d'esprits sérieux s'en soient émus.

Les économistes chrétiens ne courent pas le danger de se tromper sur le point de départ. Il ont là une certitude. Sans doute la vérité naturelle existe en dehors de la certitude théologique ; mais les faits démontrent la multiplicité des erreurs qui se produisent sur cette importante notion.

L'absolutisme et l'erreur du point de départ sont les deux vices qui entachent la doctrine de l'école anglaise. En effet la plupart des auteurs de cette école prennent pour point de départ unique l'intérêt matériel de l'homme. Ils y voient le mobile de son activité et, qui plus est, le mobile légitime et unique de la vie économique. Or l'homme, nous l'avons démontré, agit sous d'autres influences. Les économistes, appliquant à l'excès leur principe de la division du travail, ont isolé *l'homme économique*, et ont pris pour point de départ de leurs déductions le concept de cet être fictif. Leur œuvre a été très utile, et nous ne sommes pas de ceux qui font litière de leurs travaux. Mais il faut avoir soin de donner aux conclusions ainsi obtenues leur vrai caractère hypothétique, et dire : *si* l'homme n'agissait qu'en vue de la richesse et *s'il* n'avait d'autre mobile que son intérêt, telles seraient les lois naturelles de son activité, mais en fait cela n'est pas et ne peut pas être. Ce sont donc des lois de *l'homme économique*, non de *l'homme*. Elles influent sur l'homme d'une manière très puissante, mais ne sont pas absolues. Cette restriction nécessaire est souvent oubliée; c'est pourquoi elle se trompe souvent dans son radicalisme libéral et pourquoi aussi elle en a et en aura de plus en plus, parce que la pratique a montré ses erreurs. Sa méthode déductive pêche par son point de départ.

En dehors de la vérité philosophique chrétienne, les dangers d'utopies, ceux de la méthode déductive sont plus grands ; ses inconvénients sont plus manifestes. Or, tout le monde n'est pas chrétien et le chrétien lui-même, s'il est assuré sur les principes d'ordre essentiel, est exposé à errer sur des questions secondaires et à prendre ses théories pour des réalités absolues.

C'est en présence de cet inconvénient, rendu plus manifeste par l'histoire des variations philosophiques, que l'appoint de l'observation et de l'expérience devient plus précieux. Nous allons étudier aussi leur rôle dans la science sociale.

Retenons notre conclusion : *la méthode déductive, partant d'un concept vrai de la nature humaine, révèle* a priori *les lois absolues qui dominent l'activité humaine et les principales manifestations de cette activité naturelle.*

§ 3. La méthode expérimentale.

La méthode expérimentale, ou plus exactement la méthode inductive *a posteriori*, prend son point de départ dans l'analyse des actes humains. Les économistes contemporains l'appellent méthode historique, terme moins précis et moins vrai. Cette méthode est fort en honneur aujourd'hui. La réaction contre les hypothèses, les postulats de l'*a priorisme*, a engendré l'école historique, l'école des faits. Les faits ont une portée immense dans la science sociale, science de l'activité humaine. Les études pratiques qui les mettent en lumière sont donc indispensables. Ces études ont pris de très grands développements. L'école historique allemande fondée par Roscher, est nombreuse et puissante; presque tous les économistes de l'Allemagne y appartiennent. L'Italie en compte de nombreux adeptes. En France l'école d'observation fondée par Le Play a donné aux études pratiques un essor incomparable. Il ne vient à l'esprit de personne de nier l'importance des faits. Tout le monde admet qu'il les faille discuter. Mais on n'est pas d'accord sur la portée qu'il faut leur reconnaître *dans la constitution même de la science*. C'est le point à établir.

Pour nous, le rôle de l'observation est important, sans être exclusif. Ce rôle, nous le résumons en trois termes que nous allons chercher à expliquer.

A. *L'étude des faits met en pleine lumière les principes généraux qui dirigent l'activité humaine.*

Parmi ces principes, il y a, nous l'avons vu, des lois absolues d'ordre moral, et des règles normales, des lois économiques. L'observation des faits n'est inutile à aucune d'elles, bien que dans une mesure différente.

Les lois morales ont un caractère absolu, nécessaire, obligatoire, qui les met au dessus des variations des faits. Mais il peut être opportun de donner à ces lois une confirmation indirecte, une sorte de contre-épreuve. C'est un argument que nous avons invoqué au chapitre 1 de cette introduction.

Cet argument est légitime. Dieu se prouve par ses œuvres, la vérité par ses résultats. Cette réflexion, appliquée à la vérité sociale, suffit à la justification du système. Les peuples ne peuvent être prospères que si leur coutume est conforme aux lois essentielles. L'humanité n'est heureuse que par la vérité pour laquelle elle est faite. La prospérité, dans le sens complet de ce mot, est donc le signe d'une bonne constitution sociale; le malaise ou la souffrance sont les indices d'une violation des lois.

Voilà la preuve sociale de la vérité des lois morales, preuve que l'illustre Le Play a analysée avec une pénétration qui fut du génie.

Approfondir et étudier cette preuve est œuvre féconde, éminemment propre à dissiper les illusions des esprits prévenus, à détruire les faux dogmes. Mais cette œuvre aussi est difficile; elle exige de l'impartialité, de la pénétration et un grand tact scientifique. Il est facile souvent de constater le mal, il ne l'est guère de lui assigner ses vraies causes. Heureux qui peut les connaître!

L'œuvre est donc à la fois utile et malaisée. Si son résultat est important, l'erreur y est fréquente. Elle l'est moins cependant que dans les conceptions abstraites de l'a priorisme. Celui qui étudie l'homme réel, en observateur impartial, ne peut être longtemps un utopiste; il doit revenir bientôt à l'idée vraie du bonheur social et des moyens qui le réalisent.

Concluons donc que l'étude des faits sert de confirmation indirecte aux vérités de l'ordre moral; confirmation toujours précieuse, précieuse surtout quand la notion de la vérité morale est ébranlée dans les esprits.

Les lois économiques et sociales se constituent par l'examen des faits et l'étude de la nature des choses. Il y a en elles un élément d'application plus considérable, les conclusions y sont moins certaines et l'expérience y joue un rôle plus important.

Les lois historiques, avons nous dit, n'ont pas le caractère de nécessité obligatoire des principes de l'ordre moral. Si on veut réfléchir à la nature de ces règles, on comprendra sans peine que l'étude des faits serve puissamment et presque uniquement à les mettre en lumière. La preuve sociale de l'usage universel est ici d'une importance considérable. La permanence de certaines manifestations de l'activité humaine, les rapports constamment observés entre divers ordres de phénomènes, permettent de conclure par induction à l'existence d'une loi.

Voilà l'importance de l'observation dans l'étude des principes généraux.

B. *L'étude des faits est la condition de l'application pratique des principes eux-mêmes, et partant, de la réforme des sociétés.*

Chaque peuple, nous l'avons constaté, vit dans une sphère d'activité particulière, et selon des coutumes fort différentes. Au tact de l'économiste il appartient de distinguer ce qu'il y a dans chaque situation de contingent et d'absolu, de saisir les conditions spéciales, de préconiser les réformes et d'en décider l'opportunité d'après les multiples éléments que l'observation lui révèle. Il est nécessaire, mais ne suffit pas pour guérir une société, de condamner, au nom des principes, la coutume qu'elle observe. Il faut analyser les causes et les origines de la coutume, analyser ses rapports avec la situation actuelle et avec le passé de la nation, puis juger la coutume elle-même, la respecter ou la détruire; c'est ce point de vue scientifique qui seul peut assurer à la science la portée pratique qui lui est essentielle. L'économie doit être politique et sociale, c'est à dire appliquer les lois de la manière et au moment où l'état social de chaque cité le comporte.

Ce point de vue est important aussi pour l'appréciation des sociétés dont la constitution, pour être différente de la nôtre, n'en est pas pour cela toujours plus mauvaise. C'est ainsi qu'il faut apprécier le moyen âge. Depuis que des historiens illustres se sont attachés à mettre en lumière la situation sociale de cette époque, on commence à rendre justice à ses doctrines et à ses institutions.

Il faut appliquer l'observation directe ou historique à toutes les sociétés pour avoir le droit d'en apprécier avec compétence les lacunes et les avantages. Cette méthode pourra rectifier bien des erreurs ; elle aboutira à constater la permanence des lois avec la variété indéfinie des coutumes qui en sont les applications spéciales. C'est cette méthode qui a fait établir avec raison, nous l'avons vu, des sortes de catégories historiques.

Ce qui est vrai pour les applications générales, pour l'organisation générale de la société, l'est plus encore pour le détail de la vie sociale.

C. *L'étude des faits est le complément nécessaire de la théorie au point de vue du détail de l'existence sociale.*

La déduction est incomplète à ce point de vue, on l'a dit avec raison. Elle peut servir à apprécier une institution, à déterminer si, oui ou non, elle choque un principe essentiel, si, *en soi*, elle est bonne ou mauvaise ; mais elle ne pourra pas faire naître les institutions, les répandre ni saisir celle qui s'adapte aux situations. Il y a une foule de choses utiles qui ne sont pas nécessaires. La déduction ne les fera pas surgir. De même que la plupart des découvertes industrielles, un grand nombre d'institutions économiques sont le fruit de l'expérience, d'un essai. Nous n'en voulons pour exemples que la foule des institutions ouvrières. Rien ne donne, à une institution, meilleure consécration que l'expérience heureuse. On a beau connaître la situation d'un pays, les preuves *a priori* ne remplaceront pas la preuve de fait. Quelle importance n'a-t-on pas attachée au mouvement des sociétés coopératives ? Que de bonnes raisons n'a-t-on pas invoquées ? Quelle démonstration a valu celle de l'expérience qui a fait la part du vrai et de l'illusion. N'en est-il pas de même de la participation aux bénéfices, d'une foule d'autres questions? Certes, il faut toujours demander la première lumière aux principes scientifiques; mais quand la conclusion est douteuse, et elle le sera souvent, que l'expérience se prononce!

L'utopie du détail ne vaut pas mieux que l'utopie générale; car c'est l'utopie du détail qui est pratiquée, c'est elle qui entreprend et qui légifère.

Il faut donc étudier le fait social, l'état social; la portée pratique de la science est à ce prix.

La méthode expérimentale, l'observation, a donc une très haute importance; les études pratiques forment un élément essentiel de la méthode sociale. Nous en avons indiqué les preuves.

Pourquoi l'analyse des faits ne peut-elle suffire? Nous avons dit qu'elle pouvait reconstituer les lois de l'ordre moral même, par l'étude attentive, des phénomènes sociaux. Il semble donc que d'elle seule puisse renaître toute la science sociale, que la déduction et la philosophie soient ici une complication inutile.

Cette conclusion est erronée. Nous avons énoncé en tête de ce chapitre les reproches adressés à la méthode expérimentale. Ces reproches sont fondés. Nous allons le montrer brièvement.

D'abord *il y a* des principes rationnels; il serait dès lors peu scientifique d'en faire abstraction. Ce doute méthodique, cette sorte de *table rase*, n'a pas de raison d'être. Pourquoi mettre en question ce qui est, et se borner à une preuve indirecte. Le chrétien surtout n'a pas le droit de le faire. Cette preuve indirecte est utile ; elle ne peut pas être la seule. Il faut se garder de considérer les *faits*, la tradition comme le critère unique de la vérité et négliger les *principes*.

D'ailleurs, les observateurs purs sont très tentés de fausser la notion des lois scientifiques, soit en l'atténuant outre mesure, soit en l'exagérant. L'école historique a succombé au premier de ces dangers; pour elle, il n'y a que des économies passagères et locales, des lois fugitives déterminées par les faits. L'école positiviste a péché par l'excès contraire. N'étudiant que les faits extérieurs, les actes humains, elle a vu dans tous les actes le résultat d'une activité fatale, d'une loi des circonstances. Tout, d'après elle, est le résultat d'une loi connue ou inconnue. Appliquant le système d'observation des sciences naturelles, elle en a admis les conclusions ; elle a confondu la morale et les mœurs, les faits et la nature ; elle a fait de la biologie sociale, et il est facile de prouver par des exemples combien cette pente est glissante pour les purs observateurs.

L'observation ne peut être l'unique méthode sociale parce que l'homme est un être moral.

Il faut, dans la science sociale, combiner les deux méthodes. L'objet de cette science est trop complexe pour s'en tenir à l'une d'elles. Nous avons montré d'ailleurs qu'elles présentaient des lacunes. Il faut se servir de toutes deux et c'est à une sorte d'alternance entre l'emploi de l'induction et de la déduction que sont dus les progrès de la science.

Résumons. Les principes et les faits, le raisonnement déductif et l'induction ont, dans la méthode économique, un rôle également essentiel à remplir. Les deux éléments et les deux méthodes doivent se combiner et se prêter dans la science un mutuel secours. Le raisonnement philosophique fixe les lois qui sont les règles de la vie sociale, et les principes qui sont le critère auquel doit s'apprécier le résultat des recherches inductives. L'observation scientifique des faits sert à son tour de confirmation indirecte à la doctrine et aux principes. Elle est la condition de l'application pratique des principes eux-mêmes et, par conséquent, de la réforme des sociétés. Enfin, elle est le complément nécessaire de la théorie au point de vue des applications particulières et du détail de l'existence sociale.

Voilà la portée des études pratiques. En affirmant leur nécessité, nous ne sommes donc point des réalistes ; la recherche des faits est nécessaire, indispensable même, à tout système. Sans en présumer aucun, tous peuvent donc s'allier dans une sincère et impartiale étude du fait social. Les uns y trouveront la confirmation de leurs doctrines. Les autres seront amenés à soumettre les leurs à une critique nouvelle. Tous y chercheront et y trouveront des éléments précieux pour la solution de la question sociale. Il ne s'agit pour personne d'abdiquer sa foi ou ses convictions doctrinales, mais de chercher dans les faits leur confirmation pratique, leur complément naturel et les éléments de leur sérieuse application.

§ 4. Les procédés de la méthode.

Il serait trop long d'exposer ici en détail le procédé de chaque méthode. C'est là une science spéciale.

La déduction opère par voie de raisonnement

et conclue alors d'après les principes de la logique : c'est la méthode philosophique.

Certains économistes ont été plus loin et ont appliqué aux lois économiques le système du calcul, des déductions mathématiques. Le langage mathématique prête aux formules et aux principes une rigueur que ne peut comporter la loi économique. Sans doute, on peut pour la facilité adopter une figure ; mais on ne peut y appliquer les conclusions précises et absolues des sciences mathématiques. L'emploi de ce procédé exige une grande prudence. Il suffit, pour s'en convaincre, de se rapporter à ce que nous avons dit plus haut du caractère même des lois économiques.

Les études pratiques recourent à des moyens divers de connaître et d'apprécier les faits. Ces moyens constituent autant de sciences auxiliaires. Leur ensemble forme la démographie. Nous en citons trois : la statistique, l'observation, l'histoire. Il va de soi que nous ne pouvons exposer les principes de ces sciences. Il s'agit uniquement ici de les définir.

A. La *statistique* est l'analyse de la situation d'un pays, analyse dont les conclusions sont formulées par des chiffres ou des tableaux. La statistique a sa méthode propre, ses règles techniques.

Sa caractéristique est le chiffre moyen. Sa valeur repose sur l'étude comparée d'un grand nombre de faits analogues. Cette science, quoique jeune encore, est cependant très développée. L'abondance de ces documents est précieuse quand ils sont faits avec soin. Il est peu d'ordres d'activité économique ou autre dont on ne puisse apprécier la situation au moyen de la statistique.

B. *L'observation*. Ce moyen d'investigation est le complément des procédés techniques de la statistique. En général même on le fait rentrer dans cette science. Il sert moins à établir les moyennes et les chiffres qu'à les interpréter. Une colonne de chiffres par elle-même est peu éloquente ; son sens est souvent peu précis. On a dit souvent qu'il n'y a pas de système qui ne puisse en invoquer. Le sophisme *cum hoc ergo propter hoc* est ici fort aisé. Il faut donc préciser la portée des paragraphes et des chiffres. C'est si l'on veut la partie interprétative, descriptive de la science. Or à celle-ci les moyennes ne suffisent pas. Il faut voir les réalités actives et concrètes ; c'est l'objet de l'observation faite soit par des particuliers soit par mission publique.

Cette partie descriptive est un élément essentiel, indispensable de la démographie. Elle illumine la statistique elle-même et s'étend à des faits qu'elle ne pourrait guère atteindre. La méthode d'observation est donc réellement pratique dans la science.

Ici encore nous ne pouvons entrer dans le détail des procédés. Il y en a deux principaux, la monographie et l'enquête. L'enquête est connue et appliquée depuis longtemps. On y a recouru plus d'une fois, avec succès, dans l'ordre des études sociales. Celle entreprise en Belgique, en 1886, par la Commission Royale du Travail, mérite une mention spéciale. L'enquête est le complément de la statistique arithmétique, confirme et explique ses renseignements.

La monographie est un procédé plus spécial inventé et mis en honneur par M. Le Play. Il consiste dans l'étude détaillée, minutieuse et complète d'un groupe social et, spécialement, d'une famille. L'observateur dresse le *budget* de la famille ouvrière, en détermine les chiffres avec soin et en précise le sens et la portée. Cette étude *d'une* famille doit être faite avec prudence ; on est exposé à choisir un type qui ne réponde pas à la situation commune de la région. Aussi ce procédé, qui a eu les résultats les plus précieux pour l'histoire sociale, ne doit pas être séparé des deux autres. Une enquête est préalable au choix du sujet ; l'arithmétique sociale et ses moyennes complètent ses conclusions et étendent la comparaison de chaque terme du budget.

Les aperçus épars sur les mœurs et les coutumes d'une nation ont aussi leur importance. Sans affecter la forme scientifique, les observations des voyageurs sont un élément précieux des études pratiques. Faites par des esprits judicieux et fins, ces notes sur les mœurs d'un peuple sont un appoint important. Il faut signaler en première ligne les relations des ambassadeurs et les correspondances d'exploration. Il y a d'ailleurs de vrais voyages d'exploration ; mais ce sont alors des sortes d'enquêtes privées ayant leur système et leur méthode.

C. L'*histoire sociale*. Il ne faut pas limiter la démographie au présent. L'étude des mœurs du passé a la même importance que celle des faits contemporains. Il ne s'agit pas ici de l'histoire diplomatique ou militaire, de l'histoire-batailles, mais de cette histoire intime, la plus importante et longtemps la plus négligée qui nous révèle la manière de vivre, les idées, les mœurs de nos ancêtres. Rien de plus utile, de plus nécessaire pour apprécier la diversité des situations et celle des coutumes que d'assister au sein d'une même race, à cette lutte constante de la nouveauté contre la tradition, résumé de toute l'histoire.

Que de leçons à tirer pour la science sociale de l'étude de la vie privée, de la vie économique des siècles passés, étude consciencieuse et impartiale! On peut lui assigner tous les avantages de l'observation elle-même; elle en fait partie intégrante. Sans doute la monographie y est difficile, l'exactitude y est moins minutieuse, mais le détail intime n'y est pas inconnu. Mieux peut-être que l'observation contemporaine, la succession des faits sert de contre-épreuve aux lois permanentes.

Il importe que l'enseignement puisse initier ceux qui se destinent à ces études spéciales, non seulement aux principes de la science, mais aussi à la méthode et à sa mise en œuvre. Depuis quelques années, il se fonde, avec avantage et succès, des *cours pratiques* de science sociale. Ce mouvement est important et fécond. Il s'est produit en divers pays, et il est destiné à grandir (1).

(1) Voir pour les cours pratiques existant à l'étranger, le rapport de M. de Haene, sur celui qui nous avons établi à Louvain. *Annuaire de l'Université,* 1886.

CHAPITRE IV.

Tableau de la succession et de la filiation des systèmes économiques.

Cet aperçu n'est pas un résumé de l'histoire des doctrines économiques. Nous ne voulons qu'indiquer sommairement la succession et la filiation des *méthodes*, aux divers points de vue que nous avons étudiés dans cette introduction.

I. Antiquité.

Les principaux philosophes anciens qui ont traité d'économie respectent et proclament sa surbordination à la morale. Xénophon et Aristote distinguent la Chrématistique et l'Economique. La première qui est l'art de s'enrichir et d'enrichir la société; la seconde qui applique les richesses aux vrais et légitimes besoins de l'homme. Celle-ci était tout à fait morale.

La richesse, dit Aristote, n'est pas le but de la vie; mais elle doit servir à bien vivre. Aussi la recherche de la richesse doit-elle être réglée par sa fin.

La Chrématistique est réglée par l'Economique.

Les anciens se sont gravement trompés sur la morale elle-même, mais la sagesse de leurs penseurs reconnaissait le principe moral de la richesse.

Les économistes de la nouvelle école éthique se réclament avec raison de leur autorité.

Ce principe fut évidemment aussi celui du moyen âge.

II. Moyen âge.

Les docteurs chrétiens ne firent pas un système défini et complet des matières économiques. Les principes destinés à régler l'activité humaine dans l'ordre des intérêts matériels occupent cependant une place importante dans leur enseignement et leurs livres. Ils y sont épars, non au hasard, mais à leur place naturelle comme corollaire des principes moraux dont ils découlent. Il y a, en groupant leurs jugements sur les faits économiques, la matière de toute une morale de l'économie politique. L'œuvre doctrinale du moyen âge c'est l'enseignement de la morale économique en conformité avec les principes de la justice et de la charité chrétiennes. Les théologiens, S. Thomas d'Aquin en particulier, acceptaient la distinction ancienne d'Economique et de Chrématistique. L'économique était pour eux une science morale à laquelle ils imprimaient le cachet divin de la vérité chrétienne. Les noms de Raymond de Pennafort, Henri de Gand, Nicole Oresme, Jean Buridan, méritent une mention spéciale.

En dehors des écrits théologiques il y avait, au moyen âge, et il y eut de plus en plus des monographies traitant des questions isolées de finances et d'administration. Sans doute, le principe moral n'y est pas révoqué en doute, mais son influence y est plus lointaine. Ces genres d'études se multiplièrent. L'importance des questions économiques devint telle que, au lieu de les traiter en chapitres des ouvrages de morale et de politique, on les traita séparément. La science économique cherchait à naître.

III. XVIe-XVIIIe siècle.

La découverte du Nouveau Monde, la production des mines et les révolutions monétaires provoquèrent, sur la question de la monnaie et du prix, des travaux de plus en plus nombreux.

Un grand nombre d'écrits importants parurent en France et en Italie pendant les deux derniers siècles de l'ancien régime. L'ancienne école italienne compte des noms illustres : Antoine Serra (1613), Montanari (1680), Bandini (1737), Pagnini (1751), le comte Carli (1750), Genovesi, premier professeur d'économie politique en Italie (1755) d'où il passa en Suède (1758), Verri avec ses *Meditazione dell' economia politica*, tous les économistes de l'ancienne école, respectant en général, sinon toujours la vérité morale, au moins le caractère moral de l'homme.

En France l'économie rentre dans l'ensemble de la science du gouvernement. L'idée gouvernementale n'en est jamais absente. Les aperçus économiques s'y mêlent aux considérations politiques. C'est l'idée nationale qui inspire les systèmes économiques au XVIe siècle chez Sully, chez Barth. Laffemas, chez Bodin et plus tard chez Colbert ; ailleurs ils rentrent dans la notion du ménage, de la famille, comme chez Olivier de Serres. Il y eut cependant des écrits économiques, sur la richesse sociale, où domine la théorie mercantile de la balance du commerce, puis des travaux d'administrateurs et d'*argentiers*. Nous ne ferons que citer après Antoine de Montchrétien qui le premier emploie le mot d'*économie politique*, les écrits importants de Vauban, de Boisguilbert, de Melon, de Dutôt et les mémoires curieux de Law. Signalons encore les grandes pages du chancelier d'Aguesseau proclamant contre l'agiotage la morale de la richesse.

IV. Physiocrates.

Au dix-huitième siècle apparaissent les physiocrates.

L'école physiocratique est en relation intime avec la philosophie française de son siècle. La philosophie se sépare du dogme ; les sciences morales se rattachent aux sciences mathématiques. On leur en applique la méthode et le procédé. Chacun sur des observations incomplètes, ou même sans observations, se crée un idéal d'où il déduit, par voie de conséquence nécessaire, tout un système social. C'est le principe de Rousseau. Les êtres sont soumis à des lois invariables ; lois de la nature, dont le code mathématiquement déduit est la règle de la vie sociale. L'homme essentiellement bon n'a qu'à suivre les tendances de la nature (φύσις). C'est ce système qui donna son nom à l'école.

Tout se résumait pour elle dans le *droit naturel* ainsi compris. L'économie n'est qu'un chapitre du code de la nature. Quesnay, médecin de Louis XV, en est le premier père. A côté de lui et après lui Morelly, le marquis de Mirabeau, l'ami des hommes, Dupont de Nemours et le négociant Vincent de Gournay, inventeur de la formule célèbre : *laissez faire, laissez passer.*

Turgot fut le premier peut-être à faire de l'économie une science bien distincte et, à ce titre, il eût mérité dans la science un rang qu'on ne lui décerna guère.

C'est par ses *Réflexions sur la formation et la distribution de la richesse* (1766) qu'il y aurait le plus de titres ; mais là aussi commence à poindre la séparation de la science économique et des sciences morales.

Le système des physiocrates est l'*apriorisme* le plus absolu, partant de données fausses et imaginaires et les appliquant au détail de la vie sociale. Ce point de départ est généralement fantaisiste, partant révolutionnaire. C'est surtout dans leurs écrits, dit Tocqueville, qu'on peut le mieux étudier le vrai naturel de la Révolution. Les philosophes ne sont guère sortis des idées très générales et très abstraites en matière de gouvernement ; les économistes, sans se séparer des théories, sont cependant descendus plus près des faits.

L'*apriorisme* absolu des physiocrates ne les a pas empêchés de préconiser des réformes utiles, d'être d'habiles et sages administrateurs, mais leur principe nuisait à l'ensemble de leur système. Ce principe qu'on ne peut contester, quand on a ouvert Le Tronne ou Mercier de la Rivière, a été clairement mis au jour par plusieurs écrivains contemporains. M. Taine en particulier y a insisté avec le talent subtil qui le distingue. « Jamais, dit-il en étudiant l'esprit de la doctrine, jamais avec un aussi mince extrait de la nature humaine on n'a bâti des édifices si réguliers et si spacieux. »

V. Adam Smith et les économistes. — L'école dite de Manchester.

Les physiocrates, les premiers qui aient porté le nom d'économistes, eurent sur l'avenir de la science une grande influence. C'est au moment de leur splendeur que se formait en Angleterre celui qu'on est convenu d'appeler le père de l'économie politique. Adam Smith publia, en 1776, son traité célèbre intitulé : *Recherches sur la nature et les causes de la richesse des nations*. C'est la publication de ce livre qui est considérée comme l'acte de naissance de l'économie politique à titre de science distincte.

On ne peut nier l'importance de l'œuvre du philosophe écossais ; il y a dans son traité une force de conception puissante ; c'est l'œuvre du fondateur d'une science. Il ouvre le grand siècle de l'économie politique. Tâchons de définir et de préciser sa méthode.

Adam Smith n'est pas l'élève exclusif des physiocrates ; mais il connaît et estime leur œuvre, tandis qu'il ignore celle des économistes italiens, notamment du plus illustre, Antonio Serra. Il subit l'influence simultanée des auteurs français et des philosophes écossais, ses contemporains.

Le système qu'il suivit diffère de celui des physiocrates ; il n'y est pas question d'un code général de la vie sociale ; il n'y est question que de la richesse. La richesse, voilà son objet ; il veut que la nation s'enrichisse et il recherche la nature et les causes de la richesse. Il ne s'agit donc pas de prospérité, de bonheur social : il s'agit de la richesse. C'est de la chrématistique.

Ce but est matériel. Sans doute, Smith n'est pas matérialiste ; mais il pose cependant la richesse comme but de la science. Il crée l'économie pure, séparée de la morale, ayant un bien distinct et propre à poursuivre. Il est loin d'avoir tiré de cette prémisse outrée toutes ses conclusions ; ses disciples s'en chargèrent. Lui-même fait à la morale, à la loi, à l'observation des faits une part considérable que l'école des économistes désavouera. Malthus, Ricardo, J. B. Say furent ses continuateurs. J. B. Say répandit en France les doctrines de l'utilitarisme économique (1803) et y fut le premier professeur d'économie politique (1829) (1) ; Ricardo (1817) poussa à sa dernière limite le système des déductions *a priori* et des lois absolues de la science. Il est le vrai chef de l'école anglaise. Nous n'avons pas le projet de faire ici l'exposé des doctrines de cette école. Il suffit d'en avoir signalé le principe et le caractère plus ou moins atténué chez quelques auteurs : système des lois naturelles absolues, de l'intérêt matériel et du libéralisme radical.

Nous avons plus d'une fois exposé les théories de l'économie officielle et attaqué ses principes. Nous sommes loin cependant de nier les services qu'elle a rendus à la science économique ; elle a étudié les phénomènes de la production et de la circulation avec une précision minutieuse ; elle a fait naître la notion des lois économiques dont

(1) M. Levasseur a tracé un excellent résumé historique de l'enseignement de l'économie politique et de la statistique en France. *Journal des Economistes.* Novembre 1882.

nous avons déterminé la valeur. Mais nous avons eu soin aussi de réfuter ses abus et de marquer les erreurs de ses conclusions.

L'école anglaise est un grand et rapide succès ; des esprits éminents, des cœurs généreux comme Rossi et Bastiat s'en firent les défenseurs et les docteurs ; le libéralisme économique, malgré l'erreur de son principe, fascina les esprits. En 1848 il triompha dans la grande bataille du libre-échange international sous la conduite de Richard Cobden, de la ligue de Manchester qui lui donna son nom et grâce à l'appui de Robert Peel.

L'école libérale était désormais l'école officielle de l'économie politique, l'école orthodoxe, comme on l'appelle encore aujourd'hui.

Son triomphe cependant ne fut guère pacifique. Ses principes avaient provoqué des conséquences pratiques dans l'ordre industriel, et la théorie de l'harmonie des intérêts résistait mal aux expériences. D'autre part, la théorie de l'utilitarisme économique devait provoquer des réactions. Il y en eut de deux ordres. Réaction socialiste au nom même du droit à la jouissance, à cette jouissance représentée comme le but de la science. Réaction conservatrice au nom des doctrines morales, spiritualistes et gouvernementales.

VI. Socialisme.

La réaction socialiste eut bien des formes. Les doctrines communistes et socialistes étaient anciennes comme les passions et les appétits. Elles s'étaient fait jour dans l'antiquité et même au moyen âge. Divers écrivains, notamment en Belgique M. Thonissen, ont retracé l'histoire de ces erreurs. Elles prirent de nouvelles formes et de nouveaux arguments à notre siècle. Parmi leurs défenseurs citons Babœuf, Saint-Simon, Fourier, le plus logique des partisans du laissez-faire absolu ; Proudhon dont la verve mordante s'acharnait aux contradictions économiques, dont la logique imperturbable tire les dernières conséquences des théories utilitaires et organise la justice anarchique. Louis Blanc, enfin, et les hommes de 48 qui essayèrent la réorganisation du travail. Mais l'économie politique sortit triomphante de la lutte de 1848 et, jusqu'en 1870, en France on croyait ce triomphe définitif.

Le mouvement scientifique du socialisme ne fut pas moins sérieux hors de la France. L'étude des questions ouvrières attirait toute l'attention et on commençait à voir clairement les conséquences des doctrines utilitaires.

Le premier rénovateur du socialisme allemand est le tailleur Weitling ; mais son influence ne fut pas grande. Le parti allait se constituer par une série d'écrivains sérieux et célèbres. C'est le socialisme raisonné, scientifique de Rodbertus, de Marlo, et surtout de Karl Marx, fondateur de l'Internationale. Son livre : *Das Kapital* (1867), publié à la fin de sa carrière active, est le résumé des déductions socialistes, c'est la mine inépuisable de ses théoriciens. En même temps Lassalle popularisait la doctrine dans ses virulents pamphlets, ses brillants et fougueux discours.

Le *programme des ouvriers* et les menées de leur chef fondèrent le parti socialiste allemand (1863).

On aurait tort de se figurer le socialisme comme un simple parti révolutionnaire ou comme le rêve creux et ridicule de quelque esprit malade. Il y a un socialisme scientifique appliquant à l'économie utilitaire la méthode des déductions mathématiques et rigoureuses.

Le socialisme a fait aussi son apparition en Amérique avec le livre célèbre de Henri George : *Progress and Poverty* (1882) qui a eu un grand retentissement.

Le parti des revendications sociales a des savants, des docteurs. Il se divise sans doute quant aux applications. Les uns sont collectivistes, révolutionnaires et anarchistes, les autres se contentent des mesures légales, mais cette division intestine du parti ouvrier est toute politique. Les procédés seuls et la politique diffèrent.

VII. Lutte contre le socialisme.

L'école des économistes libéraux luttait avec peine contre cette réaction, à cause du principe utilitaire qui l'inspirait elle même ; le socialisme en tirait les dernières et redoutables conclusions. Il fallait, pour le combattre, des adversaires armés de meilleures pièces.

C'est ici qu'il faut signaler la personnalité de John Stuart Mill, talent original et puissant, fidèle aux économistes officiels, mais se rattachant par bien des points aux doctrines socialistes. Sa position dans la science est malaisée à définir ; il tient toutes les écoles et toutes revendiquent le bénéfice de ses ouvrages.

Le principe utilitaire, d'autre part, était luimême attaqué aussi. Ne considérer que le bienêtre, préconiser le laissez-faire universel de l'intérêt, ne pouvait être une doctrine admise longtemps sans conteste. Cependant la réaction morale ne se fit pas de très bonne heure. Si l'égoïsme était combattu par les moralistes, son principe fut assez longtemps reconnu comme le moteur unique, la seule loi de l'ordre économique.

Seuls, pendant quelque temps, les protectionnistes réagirent au nom des intérêts nationaux. Frédéric List est peut-être le premier à avoir attaqué de front les doctrines de l'école anglaise toute entière (1841). Hors de l'école protectionniste, qui d'ailleurs commettait d'autres erreurs, il n'y eut longtemps que des tentatives isolées. Il faut ici citer avec respect les noms du comte de Villeneuve-Bargemont (1841) et du comto de Coux (1836), premier professeur d'économie politique à l'université catholique de Louvain. La réaction allait s'accentuer cependant ; le christianisme allait pénétrer dans l'économie politique, lui rendre son caractère moral et lui permettre de mieux lutter contre la désorganisation sociale.

Cette réaction fut signalée par l'apparition de deux ouvrages : *La richesse dans les sociétés chrétiennes*, par M. Charles Périn, professeur à l'université de Louvain (1861), et la *Question ouvrière et le christianisme*, par Mgr de Ketteler, évêque de Mayence (1866).

Vers la même époque, Frédéric Le Play, en

France, publiait ses grands travaux (1856), s'en prenait à la méthode des économistes officiels, fondait la méthode d'observation et restaurait la vie morale dans la *Réforme sociale*; W. Roscher, en Allemagne, inaugurait la méthode historique dans l'étude des phénomènes sociaux (1854).

Ketteler, Le Play, Roscher, Périn furent les premiers champions qui attaquèrent avec énergie les principes et la méthode de l'école officielle. Ces quatre champions devaient faire école.

Il importe de signaler ici l'action sociale de plus en plus active de l'Eglise catholique. On sait sa puissance en Allemagne et en France; elle est aussi énergique en Angleterre avec le cardinal Manning, aux Etats-Unis avec le cardinal Gibbons, et on doit signaler la haute portée de ce mouvement. En 1886 le Congrès des Œuvres sociales de Liège a montré aussi son action en Belgique.

L'Eglise protectrice des faibles et gardienne de l'ordre, sait faire entendre la parole de l'autorité et de la paix dans les grandes luttes sociales.

VIII. Les économistes libéraux.

L'école officielle, l'école de Manchester, comme on l'appelait désormais, lutta avec énergie. Elle compta, elle compte encore d'illustres représentants partisans du laissez-faire, théoriciens de l'économie politique.

Avant d'aborder l'étude des autres écoles, signalons le mouvement de l'école officielle. Blanqui, Léon Faucher, Cherbuliez, Passy, Joseph Garnier, Courcelle Seneuil, de Molinari, Maurice Block, en France, en soutenaient le drapeau dans d'importants ouvrages et dans le *Journal des Economistes*. C'est aujourd'hui encore son organe attitré. En Allemagne, Schulze-Delitsch appliqua à l'organisation ouvrière les principes libéraux et créa le crédit populaire. En Angleterre, MM. Thornton, Bonamy Price, professeur à Oxford, lord Sherbrook, Goschen et Fawcett soutinrent avec éclat, mais non sans opposition, le programme libéral.

IX. L'école mathématique.

Cependant, au moment même ou l'école officielle semble perdre du terrain, se forme un groupe d'économistes qui en poussent la méthode à l'extrême; c'est l'*école mathématique*. Nous en avons apprécié déjà les tendances. Bornons-nous ici à signaler les noms connus de Léon Walras et de Stanley Ievons.

X. L'école de Mayence. Les conservateurs d'Allemagne et d'Autriche. L'école corporative.

Ce fut Mgr de Ketteler qui fonda en Allemagne l'école de Mayence, dont les chanoines Moufang et Erler furent des représentants célèbres. Exposant avec énergie la situation de la classe ouvrière, l'illustre prélat démontrait l'insuffisance des remèdes proposés par les écoles libérale et socialiste. La restauration sociale ne pouvait venir que de l'influence de la doctrine et de la morale chrétiennes. L'école catholique sociale d'Allemagne adopta pour organe *Die Chritlich sociale Blätter* (1868). Adversaires énergiques du laissez-faire et de l'égoïsme industriel, les catholiques sociaux préconisaient le règne nécessaire de la loi morale et de la justice chrétienne, et le devoir pour le gouvernement d'aider à sa restauration, de mettre un frein aux débordements de l'égoïsme économique. Certains membres de cette école se sont abandonnés peut-être à des compromissions fâcheuses avec l'école démocratique ; ces erreurs isolées ne peuvent condamner une cause ni lui mériter l'épithète socialiste. Il y eut des chrétiens sociaux. Nous avons indiqué leur programme. Il n'y eut pas de socialistes chrétiens dans l'absolu sens du mot. La formation politique du centre catholique au parlement impérial allait donner corps à la théorie; il devait se faire un programme. Les excès ici ont été bannis : principe moral et religieux; solidarité sociale; législation économique empêchant les abus, protégeant les faibles, facilitant et consacrant la pratique des devoirs de la vie sociale; ce programme est celui du centre, celui du baron de Schorlemer Alst, de Reichensperger, du baron de Hertling, de l'abbé Winterer, des Drs Joerg et Ratzinger. Il est celui de l'immense majorité des conservateurs allemands et autrichiens, représentés par leur ancien organe, par l'*Arbeiterwohl* (abbé Hitze) bulletin de l'association du même nom, par la *Revue de la science sociale*, à Vienne (baron de Vogelsang), et par le *Vaterland*. Chez plusieurs cependant se manifeste encore une tendance qui peut paraître excessive, à l'intervention de l'Etat. En France ce même esprit a formé les cercles catholiques d'ouvriers. Leur *conseil des études* dans ses *Avis* et leur revue l'*Association catholique* adoptent le même programme, défendu par le comte de Mun, le comte de Breda, le marquis de la Tour du Pin et bien d'autres. Ajoutons comme caractéristique que le moyen pratique de résoudre la question sociale et de limiter les abus du laissez-faire est, d'après eux, la restauration de l'union corporative, favorisée par l'Etat. L'école corporative s'est répandue en Italie, dans l'ordre des œuvres, comme de la théorie, sous la direction du comte Medolago Albani.

On voit les profondes différences qui séparent cette école de l'école officielle. Elle n'est pas moins éloignée de l'école historique, qui, elle aussi, a son siège en Allemagne.

XI. L'école de M. Périn.

L'école catholique de M. Périn préconise évidemment la prédominance absolue de la loi morale et religieuse, mais se sépare des catholiques sociaux par l'importance plus grande, l'influence plus durable qu'elle reconnaît au fait de la liberté industrielle.

Une foule d'écrivains se sont attachés à prouver le rôle social et économique des principes chrétiens. Citons les Pères Félix, Roux, Lescœur, Ramière, Ludovic de Besse, Sambin, Marquigny et Desjacques, MM. Antonin Rondelet, Claudio Jannet, de Metz-Noblat, Hervé-Bazin, Paul Ribot, le comte de Champagny et bien d'autres qui ont puissamment contribué à la restauration de l'économie chrétienne.

XII. Ecole historique. Socialisme de la chaire. Evolutionnistes.

W. Roscher, professeur à Leipzig, est le père de l'école historique; mais il est loin d'avoir voulu les conséquences auxquelles sont arrivés plusieurs de ses disciples.

Roscher est un économiste éminent qui a beaucoup étudié l'histoire. Ce qui domine dans ses travaux, c'est le point de vue historique. Cette tendance a eu des abus. Au lieu de faire de l'étude du passé l'usage que nous avons tracé plus haut, l'école historique en vint à rejeter l'existence des lois générales et permanentes. Elle ne reconnut que des économies particulières, des lois fugitives spéciales à chaque situation et à chaque époque. Parmi les partisans de l'école historique il y a des variétés assez nombreuses. Les uns proclament la permanence de la loi morale et sa supériorité nécessaire; c'est à proprement parler l'école éthique dont nous avons, au début de cette étude, formulé le programme. Les autres, tous même à un certain degré, négligeant tout critère de la fixité des lois, attribuent à l'Etat seul la mission de définir à chaque étape l'organisation sociale qui convient à la nation. Ceux-ci ont reçu le nom de *Socialistes de la chaire*, et occupent en réalité la plupart des chaires d'Allemagne. Ce système est en quelque sorte officiel en Allemagne, par l'adhésion pratique du chancelier de l'empire, prince de Bismarck. Nous avons eu l'occasion d'apprécier les doctrines de l'école historico-éthique ; on ne peut méconnaître les très sérieux services qu'elle a rendus et rend encore à la science. C'est d'elle surtout aujourd'hui que nous viennent le progrès et l'éclat scientifique. Après Roscher et Hillebrand viennent Knies qui systématise la méthode historique, Schaefflé, Wagner, Schmoller, le vrai chef actuel de l'école historique, de Scheel, Schönberg, Held et Rumelin, et bien d'autres que distinguent d'ailleurs bien des nuances. Depuis 1863 paraissent à Iéna les *Jahrbücher fur Nationalœkonomie und statistik*, fondées par Hillebrand, continuées aujourd'hui par J. Conrad. L'école vient enfin de publier son encyclopédie, son *Handbuch*, vaste recueil auquel ont collaboré les notabilités scientifiques d'Allemagne (1883).

L'Italie suivit le mouvement; Lampertico et Luzzati y représentent l'école nouvelle, dont M. de Laveleye est en Belgique et en France le presque unique représentent. En Angleterre, l'école historique reçut un appoint considérable par le concours de l'illustre Cliffe Leslie, défenseur de la méthode historique et de ses conclusions scientifiques, et de Sumner Maine qui en appliqua le système aux institutions et au droit. Là aussi le principe libéral perd beaucoup de terrain et Gladstone en a violé souvent les règles absolues, tandis que, d'autre part, s'est organisée une ligue pour la défense de la liberté économique.

L'école historico-éthique contient en principe la négation de l'utilitarisme libéral. Nous avons indiqué les points essentiels de leur divergence. La faiblesse de sa doctrine consiste dans l'instabilité de son principe moral tout rationaliste, son danger dans l'exagération des droits de l'Etat, souverain et essentiel agent du progrès social, absorbant et réglant l'activité individuelle.

La thèse des lois fugitives est, nous l'avons dit plus haut, un grave danger pour l'école historique. Exagérant sa méthode, plusieurs de ses adeptes n'ont plus reconnu que la succession des faits ; sous l'empire des doctrines philosophiques allemandes et des théories physiologiques, ils ont vu dans chaque situation, dans chaque catégorie une phase d'évolution sociale. En l'absence d'un principe moral certain, d'une philosophie sûre, la morale elle-même est aisément entraînée dans le flot des transformations fugitives. C'est le point de contact entre les économistes historiques et les socialistes du transformisme. Hégel et Darwin conduisent, on l'a vu, à Herbert Spencer et au socialisme positiviste.

L'école historique ou éthique a rendu des services incontestables, nous les avons indiqués souvent. Elle a un danger grave ; il est de notre devoir de le signaler franchement aussi. Elle retombe ainsi indirectement dans le système absolu d'où elle voulait sortir. Cette transition, nous l'avons signalée dans un des précédents chapitres de cette étude.

XIII. Ecole de Le Play ou de l'observation.

L'école de l'observation, fondée par Frédéric Le Play, s'attaqua avec vigueur au système de l'*a priorisme*. L'observation, dont nous avons indiqué le principe, amena Le Play et ses disciples à préconiser tout un système de réforme sociale, système non pas inventé, mais constaté par l'étude des peuples. Il peut se résumer dans cette sage pensée : la prospérité des nations dépend de deux conditions essentielles : observation de la morale ; possession du pain quotidien. L'étude des faits l'avait amené à indiquer toute une série de moyens que l'expérience universelle signalait comme nécessaires à la réalisation de ces deux conditions essentielles. Après avoir publié la grande collection des *Ouvriers Européens*, et des *Ouvriers des deux Mondes*, le maître résuma ses conclusions dans un ouvrage : la *Réforme sociale* (1866) ; ses disciples continuent à travailler selon sa méthode, publient un important recueil qui porte le même titre et poursuivent la publication de monographies ouvrières. Signalons parmi les principaux MM. Delaire, Focillon, de Ribbe, Cheysson et Guérin. Nous avons défini le rôle de l'observation dans le chapitre qui précède. Constatons seulement ici les grands services rendus par l'école en rétablissant la vérité impartiale des faits sur une foule de questions sociales (1).

XIV. Influence des écoles diverses.

Cette réaction dans les doctrines, dans les méthodes, fut puissante et bien des économistes en ressentirent l'influence. Signalons en France MM. Louis Wolowski, Léonce de Lavergne, Paul Leroy-Beaulieu, dont l'organe important est l'*Économiste français*, Henri Baudrillard, Paul Cauwès, Ch. Gide et la plupart des professeurs

(1) Voir notre étude sur *Frédéric Le Play*. Louvain 1882.

qni viennent de fonder entre eux une nouvelle *Revue d'économie politique* (1887), et en Italie Luigi Cossa et Marco Minghetti.

Grâce à ce mouvement, à l'importance des études pratiques, de grands travaux d'observation et d'histoire sociale virent le jour et la statistique prit un développement important. L'observation contemporaine et l'histoire comptent à leur actif les vastes recueils de monographies leplaysiennes, les enquêtes telles qu'en fait aujourd'hui M. Baudrillard sur les populations agricoles de la France, et qu'en firent autrefois Reybaud sur les manufactures françaises, et Ducpétiaux en Belgique.

Les classes industrielles furent l'objet d'études attentives, et les écrits de Villermé furent le signal de la réaction contre l'égoïsme industriel. Signalons au hasard, dans l'ordre de l'histoire économique et sociale, les histoires agricoles de Delisle, Guérard, Dareste de la Chavanne et Babeau; les études industrielles de Brentano, Schmoller, Levasseur, Fagniez, Lavollée; l'histoire des doctrines de Roscher, de Janet, de Cossa, de Funck et d'autres; celles des institutions économiques et sociales de Hanauer sur l'Alsace; de Matthieu sur la Lorraine; d'Inama-Sterneg, de Lamprecht et de von Maurer sur l'ancienne Allemagne; de

Cardenas sur l'Espagne; de Cusumano, Ricca-Salerno, Fornari, sur l'Italie; de Taine sur les Origines de la France; de Jansen sur l'Allemagne; d'Edmond Poullet et de Léon Vanderkindere sur la Belgique, sans compter les innombrables études spéciales éclairant des points isolés de l'histoire et servant à toutes les écoles de puissants arguments, de précieux éléments de recherches.

Dans cette énumération toute sommaire, nous passons bien des noms, bien des œuvres; nous donnons des exemples, non une bibliographie. Nous choisissons les travaux les plus importants au point de vue économique et par leur contenu et par les préoccupations des auteurs.

CONCLUSION.

Dans l'ensemble des œuvres que nous avons citées, il en est bien dont les tendances et les thèses sont le contre-pied des nôtres. Nous ne pouvons en histoire que les signaler sans entrer dans le détail des écoles.

Il nous suffit ici d'avoir indiqué la marche générale du mouvement scientifique. Cette esquisse détermine les positions, formule *le cri* des combattants, fait prévoir les chances de la lutte.

L'utilitarisme perd chaque jour du terrain ; la morale est près de rentrer en souveraine dans le domaine de l'économie politique. La raison et les faits ne peuvent tarder à reconnaître que la seule morale efficace est la vraie morale du christianisme.

L'économie politique prépare ainsi sa réconciliation avec la vraie science sociale.

TABLE DES MATIÈRES.

www.ingramcontent.com/pod-product-compliance
Ingram Content Group UK Ltd.
Pitfield, Milton Keynes, MK11 3LW, UK
UKHW020239220726
13923UKWH00002B/743